リベラルアーツ言語学双書 3

シリーズエディター　岸本秀樹

やわらかい文法

JN121745

定延利之

まえがき
〜撫で牛と祈り〜

　日本の神社仏閣には、撫でるとご利益があるという、牛の石像がときどき置かれています。それで多くの参拝者は、「頭がよくなりますように」と頭を撫で、「どうか腰痛が収まりますよう」と腰の部分をさすります。「撫で牛」と呼ばれる所以でしょう。

　無数の参拝者に撫でさすられて、石像は顔が摩耗し（写真①）、角や耳が落ち（写真②）、しまいには牛かどうか、判別しづらくなってきます（写真③）。

　一人一人の参拝者は、牛の顔を削ろう、角や耳を落としてやろうと、力いっぱいに石をこすっているわけではありません。「頭がよくなりますように」「どうか腰痛が収まりますよう」と、祈るきもちでそれぞれに石像を撫でさすっているだけです。しかし、その小さな撫でさすりが積み重なって、牛の姿を変えていきます。牛の形を理解するには、「像を撫でるとご利益がある」という民間の信仰を突き止める必要があります。

　言語も、撫で牛に似ています。一人一人の話し手は、生活のただ中にあり、次に話す内容を考えたり、相手の反応を見たりと、コミュニケーションに忙しい日々を送っています。言語について考え、それをある形に変えてやろうとすることなど、まずないでしょう。多くの人は多くの場合、何気なく

しゃべるだけです。しかし、それが積もり積もって、いつの間にか言語の姿が変わります。言語の姿と、一人一人の話し手は、直接的には結びつきません。言語の姿を理解するには、話し手にとってごくありきたりで自然な何かを探る必要があります。

　この本では、この「何か」を探る私のこれまでの研究をもとに、私たちの日々の「言語生活」の基礎の一端を紹介したいと思います。

写真①　瀧宮神社（香川）の撫で牛

写真② 平賀天満宮（東京）の撫で牛

写真③ 北野天満宮（京都）の撫で牛

［いずれも著者撮影］

目　次

まえがき ……………………………………………………………… iii

| 1章 | 面白い話と体験の文法 …………………… 1

1　過去にすると自然になる文（1）
2　時間の進展を含まないデキゴト（4）
3　「面白さ」ということ（5）
4　ワクワク型（6）
5　ヒリヒリ型（9）
6　面白さと文法（11）

| 2章 | キャラ ……………………………………… 15

1　キャラ1：外来語の「キャラ（クタ）」（15）
2　キャラ2：伊藤剛氏の「キャラ」（Kyara）（17）
3　キャラ3：状況次第で非意図的に変わる人間の
　　部分（人格を除く）（19）
4　スタイル、キャラ、人格（20）
5　良き市民はキャラを受け入れない（24）
6　挨拶と話者内変異（25）
7　日常の人物評価（28）

| 3章 | いま・ここからの眺め ………………… 32

1　モノとデキゴトの初期値（33）
2　時間単位の2つの類（35）

3　全称量化と存在量化（37）

4　時間領域の表現における全称量化と存在量化
　　（38）

5　スキャニング表現に積極的な言語と消極的な言語
　　（41）

6　空間領域の表現における全称量化と存在量化
　　（44）

7　モノ領域の表現における全称量化と存在量化
　　（46）

8　程度領域の表現における全称量化と存在量化
　　（47）

9　名詞性は存在量化の意味をサポートする（49）

4章　文 ··· 54

1　終助詞と間投助詞（54）

2　終助詞は文の途中に現れない？（55）

3　文の途中の「よ」は音調が普通下がらない（57）

4　文の途中の「さ」も音調が普通下がらない（59）

5　文の途中の「ね」「な」も音調が普通下がらない
　　（60）

6　文の途中で示せる態度は？（61）

7　跳躍的上昇と発話の終了意識（62）

8　強いきもちと下降（65）

9　名詞1語発話は文発話か？（67）

5章　きもちの文法 ······················· 71

1　きもちの文法とは？（72）

2　きもちの文法は万能薬ではなく試験紙である
　　（74）

　　3　「だ」と「です」（76）
　　4　新たな話題を持ち出すということ（77）
　　5　声に出して読めない日本語（78）
　　6　条件文の発話の謎（80）

6章　場面性と脱場面性 84

　　1　語彙と文法（84）
　　2　心内表現における自己／他者の区別（86）
　　3　「ている」と自己／他者（89）
　　4　「自己らしさ」の減衰（90）
　　5　アニマシーの退色（93）
　　6　他動性の退色（96）
　　7　敬意の退色（97）
　　8　立ちのぼる「匂い」としての文法概念（98）

7章　発話の権利 100

　　1　「責任者」の特権性（100）
　　2　コミュニケーションの場から心内へあからさまに
　　　　離脱してみせること（103）
　　3　知識更新の「た」（106）
　　4　あからさまに知識を更新する権利（108）
　　5　あからさまに知識を思い出す権利（109）
　　6　「体験者」の特権性（111）
　　7　「体験者」の「た」発話（112）
　　8　発話の権利とコミュニケーション（114）

8章　非流暢な言い方 118

　　1　こま切れ発話の「だ」「です」「じゃ」の音調は？
　　　　（121）

2 目立たないことば（123）
3 境界音調（128）
4 流暢な発話の中の奇妙な「だ」、等々（129）
5 境界を越えてつなぐ意識（131）
6 非流暢な発話はブラックライトである（134）

9章 狩人の知恵とクマの知恵 ························· 137
1 フィラー「さー」（137）
2 前触れ説の誤り（141）
3 狩人の知恵とクマの知恵（143）
4 それ以上非流暢にならない非流暢な発話（146）

10章 人々の声 ·························· 150
1 空気すすり（定延 2005）（150）
2 ドリフトイントネーション（定延 2019）（151）
3 りきみ（Sadanobu 2004）（156）
4 口をとがらせた発話
  （定延・林 2016、朱・定延 2016）（157）
5 口をゆがめた発話
  （定延・林 2016、朱・定延 2016）（161）
6 「編み出し」の民族誌へ（164）

あとがき ································· 171

1章 面白い話と体験の文法

「最近なんか面白い話ない？」「いや、それがさぁ」と始まる、一般の人たちの「ちょっと面白い話」を集めだして、早いものでもう 13 年になります。

一般の人たちの話ですので、プロの話のように面白いものは、さほど見られません。それでもビデオに撮り、字幕を付けて、ネット上に公開した話は 600 話を越えました。

こんなことを一体何のためにやっているのか？ 理由はいくつかありますが、ここではその 1 つをお話ししたいと思います。

❦ 1　過去にすると自然になる文

まず前提からお話ししましょう。過去の話にすることで文の自然さが変わる、ということは普通ありません。

自然な文は、過去の話にしても普通自然です。たとえば、文「歩いていけば駅まで 20 分かかる」は、何もおかしなところがない自然な文でしょう。そして、これを「昔は、歩いていけば駅まで 20 分かかった」のように昔の話にしても、文は自然なままです。

不自然な文も同様です。たとえば「うっかりしたら佐藤は背が低い」は不自然で、これを過去にした「うっかりしたら

佐藤は背が低かった」もやはり不自然です。

　もともと自然な文は、過去にしても自然。もともと不自然な文は、過去にしても不自然。当たり前に思えるかもしれません。

　ところが、実は、当たり前でないことも時に起こります。たとえば、不自然な文「彼の下宿に行ったら天井が低い」は、これを過去の話にして「彼の下宿に行ったら天井が低かった」にすると、自然になります。不自然な文を過去の話にすると自然になる。どういうことでしょう？

　この問題を解くには、3つのカギが必要です。

　第1のカギは「体験」です。これは、過去の文は体験の表現と解釈されやすい、ということです。具体的に言えば、「彼の下宿に行ったら天井が低かった」という文は、［私は彼の下宿に実際に行った。そして天井が低かった］という体験の語りとして解釈されやすいということです。

　第2のカギは「状態のデキゴト化」です。これは、体験として表現された状態は、状態であるだけでなく、デキゴトでもあるということです。（「デキゴト」と、わざわざカタカナ表記しているのは、物理的な出来事それ自体ではなく、人々がことばを話したり理解したりする際に活性化させる「出来事のイメージ」を指しているからです。しかし、わかりにくければ「出来事」と考えてもらっても差し支えありません。「デキゴト」についてはまた後で述べます。）

　たとえば［日本の首都は東京である］という状態は、単に、私たちの世界は日本の首都が東京である状態だという、その状態（つまり世界のありさま）でしかありません。しか

し、たとえば［目の前にこの本がある］という状態は、読者
のあなたにとっては、状態であると同時に、デキゴトでもあ
るはずです。というのは、あなたは、いまこの本と対峙して
いる状態を、生きて味わい、経験しているからです。

　あなたの人生の一瞬一瞬は、それを生きて経験しているあ
なたにとっては、まぎれもなくデキゴトでしょう。［目の前
にこの本がある］という状態が、状態であるだけでなくデキ
ゴトでもあるというのは、こういうことです。

　してみると、［彼の下宿に実際に行った。そして天井が低
かった］という体験談の［天井が低かった］の部分とは、話
し手が［天井が低い］という状態を自身の体験として表現し
ているので、状態であると同時に、デキゴトでもある、とい
うことになります。

　問題を解く第 3 のカギは、「条件文の構造」にあります。
条件文は、前半の条件表現の部分で 1 つのデキゴトが表現
され、後半の帰結表現の部分でまた 1 つのデキゴトが表現
されるというのが基本です。前半部でデキゴトが表現されて
いるのに、後半部で表現されているのがデキゴトではなくた
だの状態というのでは、文はたいてい不自然になってしまい
ます。

　「彼の下宿に行ったら天井が低い」が不自然なのも、その
ためです。前半部ではデキゴト［彼の下宿に行く］が表現さ
れているのに、後半部の［天井が低い］は状態なので、条件
文の構造に合わず、すわりがよくありません。

　しかし、これを過去の話にして、「彼の下宿に行ったら天
井が低かった」にすると、体験談として解釈しやすくなりま

す。後半部の「天井が低かった」は「［天井が低い］と経験
した」という過去のデキゴトになるので、「前半部で1つの
デキゴト、後半部でまた1つのデキゴト」という条件文の
構造に合い、自然になるということです。

♆ 2　時間の進展を含まないデキゴト

　3つのカギのうち、ここで特に注目したいのは、体験とし
て語られる状態がデキゴトになる、という第2のカギです。
「天井が低かった」という表現は、体験談の場合、状態の表
現であるだけでなく、デキゴトの表現でもあります。彼の下
宿に入り、天井の低さを感じたのがほんの一瞬でも、それを
「天井が低かった」と表すことはできます。そもそも状態と
は一瞬のありさまで、そこに時間の進展はありません。

　このことは、世界の諸言語のデキゴト表現研究にとって、
大きな意味を持っています。というのは、「言語で表現され
るデキゴトは、時間の進展を含むものだ」と、伝統的に考え
られてきたからです。

　ところが、伝統的な通説に反する、時間の進展を含まない
デキゴトの表現は、現在でもほとんど顧みられていません。
時間の進展を前提とするデキゴトモデル、特に欧米主導の
［何が何をどうした］型のモデルばかりが相変わらず注目さ
れているのは、何とも残念なことです。

　私は、状態がデキゴトに変貌するメカニズムの根本が「体
験」という概念にあると考え、その観点から、さまざまな文
の自然さを説明しようとしています。「彼の下宿に行ったら
天井が低い」は「天井が低い」がデキゴトを表していないか

ら不自然。しかし「彼の下宿に行ったら天井が低かった」は「天井が低かった」が体験というデキゴトを表しているから自然、などと言っているのは、そういうわけです。

　繰り返しになりますが、ここで問題にしている「デキゴト」とは、物理的な出来事ではありません。人々がことばの発出や理解に際して活性化させる「出来事のイメージ」です。「デキゴトとは何か？」という問題は、「人々は何をデキゴトとして表現し、何をデキゴトとして理解するか」という、言語の問題です。カタカナで表記しているのはそういうわけです。

♈ 3　「面白さ」ということ

　くわしく見ていくと、状態がデキゴトとして表現されるには、条件があることがわかります。

　どういう条件か？

　その条件をここでいきなり言うと、読者の皆さんはこの本を閉じてしまわれるかもしれません。そこでまず、外堀から埋めていくことにします。

　言語学に隣接している分野の1つに、「会話分析」という分野があります。会話分析の創始者であるハーヴィー・サックス（Harvey Sacks）は、講義の中で、興味深いことを述べています。人が体験談を語りだした場合、他の人たちは、その話に一時的に割り込むことはあっても、基本的には聞き手になって、その体験談の語り手に話を続けさせるものだ、というのです（Sacks 1992）。

　このサックスの論を引き合いに出して、言語学者のウィリ

アム・ラボフ（William Labov）は、体験談というものは、このように発言権を他の皆から譲られるだけのことはあると思えるような「他者に語るに足る、面白い」（"reportable" な）ものでなければならないと、論文の中で述べています（Labov 2001）。

　私がここで述べようとしていることも、これとほぼ同じです。話し手が、体験したデキゴトとして語れる状態は、無制限ではありません。つまり、どのような状態も、体験されたデキゴトとして語れるというわけではありません。体験として語られ、デキゴトになる状態は、人に語るに足る、面白いものである必要があります。

　いくら隣接分野で持ち上げられているとしても、「面白さ」という概念はちょっと……という読者の皆さんのために、急いで付け加えます。皆さんが抵抗感を持たれるのも、もっともです。物心ついて以来、今日こうしてこの本を手に取って読まれるようになるまでに、皆さんが研鑽を積まれてきた「勉強」の世界では、「面白さ」などという概念が登場してきたことは、1度もなかったことでしょう。それだけに「面白さ」は、いま皆さんの目には、実にもっともらしくない、胡散臭い概念として映っていると思います。しかし、本当にそうなのでしょうか？

　先入観を捨てて、いくつかの状態表現の自然さを見てみましょう。

❦ 4　ワクワク型

　今さら言うまでもないことですが、「面白さ」には個人差

があります。犬に嚙みつかれた人は、犬が出てくる話は面白くないかもしれません。ネコアレルギーの人は、ネコの話は受け付けないかもしれません。あの映画をどう思うか、このアニメに感動するかなど、「面白さ」のセンスは 1 人ずつ違っています。

　しかし、「大多数の人たちにとって面白い話の傾向」という、大まかな共通部分を抽出することは無理ではありません。その共通部分は、2 つのタイプに分けられます。1 つは、未知の環境を探索するという、ワクワクするような冒険譚です。先ほどの「彼の下宿に行ったら〜」というのも、やや小ぶりではありますが、[彼の下宿はどんな様子か見てやろう]という探索意識をかきたてる、冒険譚に属しています。だからこそ、あとは過去の話にしてやるだけで、体験談という解釈がしやすくなったというわけです。ここでは、このタイプの面白さを「ワクワク型」と呼んでおきましょう。（もう 1 つの「ヒリヒリ型」は次節で紹介します。）

　数学者にして随筆家の藤原正彦は、留学していたアメリカという社会について、愛称で呼び合う習慣が広く定着しているとはいえ「たまには愛称で呼ばれるのを嫌う人間がいるから注意が肝腎だ」と述べています（藤原正彦『若き数学者のアメリカ』新潮文庫改版 pp.162-163, 1977）。このうち、「注意が肝腎だ」の前にある「たまには愛称で呼ばれるのを嫌う人間がいる」の部分も、ワクワク型の状態表現です。

　藤原正彦がこの部分で表したい意味とは、「愛称で呼ばれたがらない人間は、30 年に 1 度、アメリカ社会にどこか

らともなく沸いて出てくるが、しばらくすると消えてしまう。だからアメリカの歴史全体を通して見ると、彼らはたまにはいる」というようなものではありません。「愛称で呼ばれたがらない人間がアメリカ社会にも少数いる」ということです。アメリカ社会で暮らしていると、［愛称で呼ばれたがらない人間が自分の視野にいる］つまり［自分はその人間に出くわしている］という状態の体験が「たまには」ある。それで結果的に「たまには」が「少数」の意味になります。

　こんな体験表現ができるのは、この体験がアメリカ社会という広大な人間社会を探索した、ワクワク型の体験であればこそです。ある学校のクラスは生徒が 10 人、そのうち 2 人は留学生だという場合、教員は「このクラスは、留学生が少しいるなぁ」とは言うかもしれません。しかし、「留学生がたまにいるなぁ」などとは言わないでしょう。スケールが小さくて、ワクワクしない話だからです。

　別の例を挙げてみましょう。ダイビングをした話し手は、海の中で出会った魚について、多くの魚は赤色だが、青い魚も少数いる、という意味で「この海には、青い魚もたまにはいる」と言えるでしょう。しかし、水槽に熱帯魚が 5 匹おり、そのうち 4 匹は赤色だが青い魚も 1 匹いるとしても、「この水槽には、青い魚もたまにはいる」と言うのはおかしいでしょう。スケールが小さくて、冒険の余地がなく、ワクワクしない話だからです。

　「たまに」だけでなく、「しょっちゅう」の例も挙げてみましょう。初めて訪れた異国の空港から、リムジンバスで市内に入るとします。一面の野原が見えたかと思うと、寺院が

見え、しばらく畑が続くと、また別の寺院が見えてきて、さらに牧草地の向こうにも寺院が見えてきます。景色をながめながら、電話で故郷の家族に「この国は、寺院がしょっちゅうあるよ」と言うことは、特に不自然ではないでしょう。もちろん、寺院は突然現れたり消えたりしません。「いつも」あるものです。

　「寺院がしょっちゅうある」とは、［寺院が自分の視野にある］つまり［自分はその寺院を見ている］という状態の体験が「しょっちゅう」あるということです。結果としては、「寺院がしょっちゅうある」は［寺院があちこちにある］という意味になります。しかし、自宅付近に寺院が多いことを他人に教えようとして、「うちの近所は寺院がしょっちゅうある」と言うことは普通ないでしょう。自宅付近はスケールが小さく、たいていよくわかっていて、ワクワクしないからです。

♀ 5　ヒリヒリ型

　ワクワク型と並ぶ、もう 1 つの面白さのタイプは「ヒリヒリ型」です。環境から受ける刺激がとにかく強烈で、あれこれ推論するまでもなく体を直撃するという圧倒的な事件談を、舌や皮膚のヒリヒリする感覚にたとえて、私はこう呼んでいます。

　画面操作パネルに並んでいるボタンの機能を人に紹介する場面を考えてみましょう。この時、あるボタンを指して、「これ押したら画像が横に長くなるよ」と説明しても、おかしくはないでしょう。しかし、「長くなる」を「長い」に変

えて、「これ押したら画面が横に長いよ」と言うのは不自然です。なぜか？　ワクワクもヒリヒリもしないからです。

　画面操作パネルは、謎に満ちた広大な空間というわけではなく、特にワクワクしません。また、［画像が横に長い］というのは、ボタンを押す前と、押した後の画像について、縦横の長さを比較するという、それなりに「知能」を使った作業の結果判断されるもので、ヒリヒリしません。ワクワク型にもヒリヒリ型にも当てはまらない、さして面白くない話なので、体験として表現できず、状態［長い］がデキゴトに化けません。それで、「前半部で１つのデキゴトが表現され、後半部でまた１つのデキゴトが表現される」という条件文の基本的な構造（第１節で述べた「第３のカギ」）に合わず、文が不自然になるということです。

　ところが、マッサージ機の操作ボタンの１つを指して他人に説明する場合は、事情が違います。「これ押したらきもちよくなるよ」と同様、「これ押したらきもちいいよ」も自然です。［きもちいい］とは、あれこれ考えるまでもなく、動物でも目を細めてウットリ体感するような、ヒリヒリ型の体験として表現できるからです。体験として表現された［きもちいい］は、状態であると同時にデキゴトなので、条件文の基本的な構造に合致します。

　頻度表現も同様です。首が伸びる妖怪「ろくろ首」の映画を観ていて、遅れてきた友人に、そこまでのあらすじを説明するとします。この時、「この娘、ときどき首が長くなるの」とは言っても、「この娘、ときどき首が長いの」とは言わないでしょう。「首が長くなる」を「首が長い」に変える

ことはできません。「首が長い」はただの状態表現です。デキゴト表現「首が長くなる」との違いは小さくありません。

　その一方で、レストランで、隣席のうるさい客を店員から注意してもらおうとする場合はどうでしょう。店員に「あの人、さっきからときどき声が大きくなるの。注意してもらえる？」と言う代わりに、「あの、さっきからときどき声が大きいの。注意してもらえる？」と言ってもよいでしょう。このように「声が大きくなる」を「声が大きい」に変えることができるのは、[声が大きい]という状態が、動物でも逃げていくような、直接ヒリヒリ体感されるものだからです。体験された状態、つまりデキゴトとして表現されると、デキゴト表現「声が大きくなる」との差は小さくなります。

⚇ 6　面白さと文法

　念のために言えば、「面白さ」という概念を、「情報としての有用さ」などという概念に置き換えることは禁物です。たとえば、初めて訪れた外国の様子[寺院があちこちにある]と、自宅付近の様子[寺院があちこちにある]とで、どちらがより有用な情報かは、考え方次第でどうにでもなってしまうでしょう。いくらもっともらしく見えようと、そんな漠然とした概念に置き換えることは百害あって一利なしです。「面白さ」は「面白さ」として受け入れるべきでしょう。体験として語られ、デキゴトになる状態は、ワクワク型であれ、ヒリヒリ型であれ、面白いものでなければなりません。まさに第3節で紹介したラボフのことばどおりです。

　しかし、以上で見たことは、ラボフが論じていることと、

違っている部分もあります。ラボフが論じているのは、コミュニケーション上のマナーの話です。人はラボフの言うことを聞かず、つまらない体験談をすることも（実はかなり）あります。その場合でも、聞き手はその体験談を、ちゃんと理解はするでしょう。理解した上で、心内で「つまらない話！」と舌打ちし、心内で話し手に「つまらない人！」と、×印を付けるでしょう。マナーに違反しているからです。

　この章で見たのは、マナーやエチケットの話ではありません。生徒がアメリカ人10人だけの日本語のクラスについて「愛称で呼ばれるのを嫌う生徒がたまにはいる」と言ったり、画面操作パネルのボタンを指して「これ押したら画面が横に長いよ」と言ったりしても、聞き手は「つまらない人！」と反応しません。話し手のことばをスムーズに理解できないからです。聞き手は、話し手の、語る内容ではなく、ことば遣いに疑問を持つでしょう。文法に違反しているからです。ここで見たのは、マナーの話ではなく、文法の話です。面白さという概念は、会話のマナーを越えて、日本語の文法にまで及んでいるということです。

　では、面白さが会話のマナーを越えて文法にまで及ぶという、こんなことがなぜ生じたのか？　いまの私が思い当たれる説明案としては、「文法とは、会話の中でよく見られる言い方が固定したもの」という、タルミー・ギヴォン（Talmy Givón）やポール・ホッパー（Paul J. Hopper）らの考えしかありません。彼らの言うとおり、会話の中で繰り返し出てくるパターンが、やがて文法に焼き付けられるのだとしたら、日本語話者たちの会話では日々、面白い体験談

が追求され、しのぎを削っており、それが文法に結実したの
かもしれません。そんな問題意識もあって、私は一般人の
「面白い話」を収集しています。

　集まった 600 話あまりの話のうち、半分ほどは、日本語
学習者たち、つまり日本語以外の言語を母語とする人たちの
「面白い話」です。彼らの話には体験談もありますが、それ
だけでなく、たとえば「船が難破して、無人島に男が 1 人
流れついたが云々」といったジョークもあります。これは、
話し手とは何の関わりもない架空の話です。ところが日本語
母語話者の「面白い話」には、そんな話は一例もありませ
ん。彼らはひたすら、自分や家族、友人の体験を語ります。

　こうした体験談への強いこだわりが、面白さを日本語の文
法に焼き付けることになったのかどうか、私にはまだわかり
ません。いましばらく、人々の「面白い話」に耳を傾けたい
と思っています。

──**文献**──

Labov, William. 2001. "Uncovering the event structure of narrative." In Deborah Tannen and James E. Alatis (eds.), *Georgetown University Round Table on Languages and Linguistics 2001*, pp. 63-83, Washington, DC: Georgetown University Press.

Sacks, Harvey. 1992. *Lectures on Conversation, Volume II, edited by Gail Jefferson, with an introduction by Emanuel A. Schegloff*, Cambridge: Blackwell.

──**読書案内**──

定延利之　2016　『煩悩の文法──体験を語りたがる人びとの欲望が日本語の文法システムをゆさぶる話（増補版）』東京：凡人社

体験として語られた状態はデキゴトでもあるという、日本語の文法の詳細が具体的に紹介されています。

定延利之（編）2018　『限界芸術「面白い話」による音声言語・オラリティの研究』東京：ひつじ書房
　一般の人たちの「面白い話」を集め、（一部は多言語の）字幕を付けてインターネット上に公開するという私の営みについて、30名近い論者に論じていただいています。日本語母語話者の「面白い話」が体験談ばかりという点については、拙論の他、山口治彦氏の所収論文「パブリックな笑い、プライベートな笑い──ジョークと体験談に見る笑いの種類と文化の関係」（36 ～ 76 ページ）が参考になるでしょう。

2章 | キャラ

多くの人の目には、私は「キャラの専門家」と映っているのかもしれません。私のもとでキャラの研究をしたいという相談を、国内外からひっきりなしに受けるからです。

しかし相談をくわしく聞いてみると、その人たちが考えている「キャラ」は、私が注目している「キャラ」とはたいてい違っています。

「キャラ」と呼ばれる諸概念を3種に分けた上で、私がどんなキャラになぜ注目しているのか、お話ししましょう。

❦ 1 キャラ1：外来語の「キャラ（クタ）」

まず「キャラ1」として取り上げるのは、外来語「キャラ（クタ）」です。これは、（ギリシャ語由来の）英語の語 "character" からできたことばで、「キャラクター」と書かれたり、最後の引き音符号「ー」を削って「キャラクタ」と書かれたり、略して「キャラ」と書かれたりします。ここではそれらを一括して「キャラ（クタ）」と書いています。

キャラ1は、「文字」「記号」「性格」「人格」そして「登場人物」という意味を、英語 "character" から受け継いでいます。このうち「人格」という意味のキャラ1は、後ほど「人格の偽装」を取り上げる箇所でわずかに出てきます

が、それ以外の箇所では、キャラ1とは「登場人物」のことと考えていただいて結構です。「多くの読者を惹き付ける物語は、どのようなキャラ（クタ）を設定すれば作れるのか？」という物語論のもとで論じられる「キャラ（クタ）」、版権や商品化に携わるビジネスや国家ブランディングが論じられる際の「キャラ（クタ）」は、このキャラ1です。

よく知られている「ゆるキャラ」も、キャラ1の下位類と言えるでしょう。「ゆるキャラ」の定義も一様ではありません。もちろん、そのうち最も簡単な定義は、「ゆるキャラ」とは単に「ゆるいキャラ」を指す、というものです。この定義もまちがいではありません。細い腕を「細腕」と言い、長い机を「長机」と言うように、ゆるいキャラを「ゆるキャラ」と言うことはできます。形容詞語幹「ゆる」＋名詞「キャラ」という合成語を作る権利を日本語話者たちから奪うことはできないでしょう。

ただし、キャラビジネスの文脈では、別の定義が（それも複数個）存在しています。「ゆるキャラ」という語を商標登録して世に広めたみうらじゅん氏は、著書『ゆるキャラ大図鑑』（扶桑社、2004）の冒頭で「ゆるキャラ」を定義しています。その定義は、ひとことで言えば「地方活性化のために作られた、ゆるいキャラクタ」というものです。地方の素人が「我が町のキャラクタを作ろう」と、地方のセンスでデザインすると、不格好なまずいものができてしまいがちですが、みうら氏にとって「ゆるい」とはまさにそれを指します。そのゆるさを否定せず、敢えて楽しみ、愛でる対象としたのが、みうら氏の「ゆるキャラ」です。プロのデザイナー

が「ゆるく作ってやろう」と意図してデザインしたものはゆるくないと、みうら氏は繰り返し述べています。

ハローキティなどは「ゆるキャラ」ではありませんねと、みうら氏となごやかに対談している犬山秋彦氏は、その実、みうら氏とは大きく異なる「ゆるキャラ」観を持っています。その対談を収めた本『ゆるキャラ論』（ボイジャー、2012）の中で、犬山氏は「ゆるキャラ」について、「特定の地域を宣伝するために製作された着ぐるみのキャラクタ」という、「ゆるさ」を排し「着ぐるみ」を必要条件とする独自の定義を打ち出して、みうら氏の定義を「存在しない」と完全否定しています（犬山 2012）。「ゆるキャラ」論は、こうした論者間の定義の違いに注意しないと、意味不明なものになってしまいます。同じことが「キャラ」論にも言えます。

✿ 2 キャラ 2 : 伊藤剛氏の「キャラ」（Kyara）

第 2 の「キャラ」は、マンガ評論家・伊藤剛氏によって打ち出された用語です。これはキャラ 1（登場人物）とは区別して常に「キャラ」（英語名は "Kyara"）と表記され、キャラ 1 のように「キャラクタ（ー）」とは表記されません。この「キャラ」、つまりキャラ 2 の定義を次に挙げます。

> 多くの場合、比較的に簡単な線画を基本とした図像で描かれ、固有名で名指されることによって（あるいは、それを期待させることによって）、「人格・のようなもの」としての存在感を感じさせるもの　　［伊藤 2005: 95］

ここで定義されているキャラ2は、「あのマンガで描かれているこの人物と、このマンガで描かれているこの人物は同一人物だ」、もっと細かく言えば「このコマで描かれている人物と、このコマで描かれている人物は同一人物だ」などと私たちが認識し、マンガを理解する上で必要なものです。

　具体例を挙げましょう。この原稿を書いている現在、テレビでは、ある派遣会社のコマーシャルが流れています。そこでは、アニメ『アルプスの少女ハイジ』に登場していた重厚にして寡黙な老人「アルムおんじ」が、軽妙な言動を繰り広げています。アニメ『アルプスの少女ハイジ』を知っている者は「あ、アルムおんじだ！」と驚きます。なぜ「アルムおんじ」と分かるのか？　それは、このコマーシャルに現れている登場人物（キャラ1）が、『アルプスの少女ハイジ』に現れていた登場人物「アルムおんじ」（キャラ1）と、同じ姿かたち（キャラ2）をしているからです。キャラ2とは、たとえばこういうものです。

　「従来からあったキャラ1とは別に、新しい「キャラ」概念を設ける」という伊藤氏の措置は、マンガ論を越えて現代思想・社会学・精神分析など諸分野の論者に注目され、現代日本社会や世界情勢を論じる際に拡大適用されてきました。しかし、その「拡大適用」の中で伊藤氏のキャラ2がどれだけ正確に理解されているか、その「拡大」ぶりがどれだけ明示的に述べられているかは、疑問と言わざるを得ません。

♈ 3　キャラ3：状況次第で非意図的に変わる人間の部分
　　（人格を除く）

　近年の日本では、キャラ2の他にも、新しい「キャラ
（クタ）」つまりキャラ3が生まれています。いま取り上げ
た、派遣会社のコマーシャルを観て、私たちは「あれ、アル
ムおんじ、キャラ変わってるじゃん！」などと笑います。
キャラ3とは、この「アルムおんじ」のように、状況（ア
ニメ『アルプスの少女ハイジ』の状況や、派遣会社の CM
の状況）に応じて変わる人間の部分を指しています。

　キャラ3という概念を作り上げたのは私ではありません。
キャラ3は、一般の日本語話者たち、特に若者たちが作り
出したことばで、その時期はほぼ 20 世紀末と見てよいよう
です。というのは、社会学者の瀬沼文彰氏によれば、若者が
自分や友人のあり方を「キャラ」と呼び始めたのは 1999
年頃のことだからです（瀬沼 2007）。そしてまた、「キャ
ラ」「キャラクタ」という語がはっきりと広まりだしたのも
2000 年頃であると、コーパス言語学者のイレーナ・スル
ダノビッチ（Irena Srdanović）氏によって特定されてい
るからです（スルダノビッチ 2018）。

　もちろんキャラ3は（説明を付けなければ）英語
"character" に訳せません。私はこのキャラ3に注目し、
「キャラ（クタ）」という用語を専らキャラ3の意味で用い
ているだけです。以下では、特に断らない限りは、「キャ
ラ」をキャラ3の意味で用いることにします。

♆ 4 スタイル、キャラ、人格

　キャラという概念をはっきりさせるために、ここで、キャラをスタイルや人格と比べてみましょう。まず、スタイルについて確認しておきます。ある人物が、得意先に向かって「あの件はどうかよろしくお願いいたします」と丁寧なスタイルで頭を下げて言い、そして自分の部下に「あの件、君もヨロシクな」と、ぞんざいなスタイルで肩を叩いて言ったとします（図 1）。

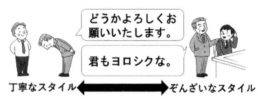

どうかよろしくお願いいたします。

君もヨロシクな。

丁寧なスタイル ◀━━━━━▶ ぞんざいなスタイル

図 1：スタイルの例［定延 2020: 72］

　この人物は、得意先に向かって丁寧に話しているところを自分の部下に見られても、別にはずかしくありません。また、自分の部下に向かってぞんざいに話しているところを、得意先に見られても、問題はありません。この人物はただ、会話の相手に応じて言動のスタイルを柔軟に変えているだけです。このようにスタイルとは、「会話の相手が目上か目下か」などの状況に応じて、人間に意図的にコントロールし、公然と変えるものです。スタイルの変化は、言動の変化です。人間自体の変化ではありません。

　次は人格です。スタイルが目まぐるしく変わるのとは対照的に、人格はどっしり安定しています。成長して落ち着きが

出る、老化して短気になるといった、ゆるやかな長期的な変化を別とすれば、人格は普通、簡単には変わりません。

　それが短時間で変わるのは、人格の分裂（解離性同一性障害）という病理現象です。島尾敏雄の小説『帰巣者の憂鬱』では、ある夫婦が喧嘩しているうちに、ナスという妻の人格が変化する様子が描かれています（島尾敏雄『出発は遂に訪れず』新潮文庫 pp.220-223, 1964）。ナスは最初、「わたしが悪かった」などと、共通語で話しています。が、そのうちに、「アンマー（お母さん）」「アンマイ、ワンダカ、テレティタボレ（お母さん、私を、連れていって）」のように、出身の島のことばを話します。やがて「何かしたのかしら、どうかしたの？」などと、ことばが共通語に戻りますが、その発話の内容から察せられるように、島のことばをしゃべっていた間の記憶は引き継がれていません（図 2）。

人格A（共通語）　　人格B（島ことば）　　人格A（共通語）
　　　　　　　　　　　　　　　　　　　人格Bの記憶無し

図 2：人格の例［定延 2020: 74 改変］

　ここで「人格」と呼ぶのは、このような人間の根本的な部分のことです。人格は、意図的に切り替えることは普通できません。その変化は意図的なものではありません。

　では「キャラ」は、以上で紹介したスタイルや人格と、どのように違っているのでしょうか？

インターネットには、「キャラが変わってしまう」と悩む書き込みがあちこちに見られます。「自分は周囲に応じてキャラが変わってしまう。自分ではコントロールできず、直したくても直せない。どうしたらいいだろう？　病気ではないだろうか？」といったものです。もう少し具体的に書けば、たとえば「あの人たちと一緒にいると、自分はなぜか、なりたくもない姉御（女ボス）キャラになって振舞ってしまう。男性たちは私をおそれ、恋愛対象とは見てくれない。悲しい」（図3）という具合です。

キャラA（娘）　　**キャラB（姉御）**　　**キャラA（娘）**

図3：キャラの例［定延 2020: 74 改変］

　このようにキャラは、人間のうち、人格とは別の、非意図的に変わる部分を指しています。念のために付け加えておくと、「場面に応じて、たくみにキャラを切り替える／使い分ける」といった表現を日常、耳にすることがあるかもしれません。が、そのように意図的に切り替えられるのは、ここで取り上げているキャラではありません。別の「キャラ」（偽装されたものではありますが、人格を広く意味するキャラ1だということに注意してください。ネットの書き込み手たちが悩んでいるのは、意図していないのにキャラが変わってしまうからこそ悩んでいるのでしょう。自分という人間の中に

は、自分の意図に応じてではなく、状況に応じて変わる部分
がある。キャラというのは、まさにその部分です。

　キャラはスタイルと同じように、状況によって変わりま
す。他方、キャラは、人格と同様、人間の部分を指していま
す。ただし、人間がさまざまな状況に対応してやっていく調
節器であるという点では、キャラはスタイルや人格と変わり
ません。ちょうど、肘関節が肩や手首の関節と同様、人間の
手の動きを調節しているのと同じです。気絶している人で
も、腕を持って動かせば普通に動くように、これらの調節器
は当人の意図なしでも動きます。それと同じように、状況に
応じて、キャラがひとりでに発動され、そのキャラから、ふ
さわしいスタイルが、これもひとりでに繰り出されます（図
4）。

図4：状況に対応する3つの調節器 [定延 2020: 76]

　人格の分裂は1970年代以降のアメリカに多く、日本で
は少ないそうです。日本人はキャラをよく変化させること
で、人格の分裂を免れているのではないかと、精神分析の齋
藤環氏が述べているぐらいです（齋藤 2011）。これは、肘

関節をよく動かして肩関節の負担を軽減し、肩の脱臼を免れているとたとえることもできるでしょう。

✦ 5　良き市民はキャラを受け入れない

「自分は状況に応じてキャラが変わってしまう」という悩みは、素性をさらして声高に叫ばれるようなものではなく、匿名性が守られるネットに書き込まれるだけです。それはなぜか？　ネットの書き込み手たちは、そんなことを大っぴらに言うのはタブー（文化的禁忌）だと悟っているのでしょう。

私たちの社会は、《人間が状況に応じて変わる》という考えを基本的に許しません。《人間は状況が変わっても変わらない》。だから、《いま私の前にいるあなたは、私と別れた後も、いつでも、どこでも、いまのあなたのまま変わらない》。そして《あなたの前にいる私も、24時間、365日、誰の前でも変わらない》というのが社会の大前提です。

もしも《人間とは状況次第で変わるものだ。あなたも私も、状況が変われば変わるかもしれない》と認めてしまったら、お互いの未来の行動を縛り合う「契約」、もっと簡単に言えば「約束」というものは、もはや成り立ちません。社会が根底から崩れてしまいます。だから《人間は状況が変わっても変わらない》という考えは、社会にとって必要不可欠な通念です。ごく例外的に、「人格の分裂」という病理的な現象が認められているだけです。「病理的な場合を除けば、《人間は状況が変わっても変わらない》。変わっているように見えるのは、《人間が目的達成のために、状況に応じて言

動のスタイルを意図的に変える。そのスタイルが変わっているだけ》なのだ。《スタイルを操作している人間自体は変わらない》」というのが、良き市民社会の通念です。この社会通念によれば、キャラというものはこの世に存在しません（図5）。

図5：意図に基づく伝統的な人間観 ［定延 2020: 89］

　「まぁ病気の方は別としてですが、私も、私のお友達も、どんな状況でも変わりません。当たり前ですね。はて、キャラとは何でしょうか？」と言うのが「良き市民」（合理的人間）です。しかし、本当のことを言ってしまえば、私たちは誰も、完全には「良き市民」ではありません。私たちは「状況に応じてキャラが変わってしまう」と悩んでいる人たちと、多かれ少なかれ同じ、弱い存在です。

☿ 6　挨拶と話者内変異
　「キャラが変わってしまう」と悩んでいる人たちを、一所懸命励まそうとする研究者たちもいます。「悩みは無用。相

手に応じて意図的に自分を使い分けるのは、相手をだますことにはならないし、自己欺瞞でもない」という具合です。

　ここには、大きなすれ違いが生じています。悩んでいる人たちは、自分が非意図的に変わってしまうから悩んでいるのに、研究者たちは「意図的に使い分けてもいいではないか」と言っているのです。研究者たちのことばの中に「良き市民」そのままの感覚を見てしまうのは私だけでしょうか？

　何の話をしているのかというと、もちろん、ことばの研究の話をしているのです。キャラが非意図的に変わってしまうと悩む人たちに向かって「自分を意図的に使い分けてもいいではないか」と言う研究者を、私たちことばの研究者は笑えないという話です。

　ことばの研究者は、意図が大好きです。挨拶を例に挙げてみましょう。《真夏の炎天下で、友人どうしで交わされる「暑いね」「本当にね」といった挨拶は、相手に教えようという意図でなされているわけではもちろんない。では、このような発話は、どのような意図でおこなわれているのか？ それは良好な人間関係の構築・保持である。相手と良好な人間関係を築き、保持しようと意図して、話し手は挨拶を交わすのだ。》このような挨拶の説明は、ことばの研究の世界にありふれています。私も学生の頃から何度も耳にし、目にしてきました。

　が、本当にそうなのでしょうか。挨拶してくる人間を信頼するのは、その挨拶が、特に「この挨拶で何々をどうこうしよう」といった意図のない、自然なものであればこそでしょう。「あなたに挨拶しますよ。こんにちは。さあ、こうやっ

て、あなたとお近づきになって、と」のような、魂胆づく
の、つまり意図的な挨拶ほど、相手を警戒させるものはあり
ません。それは、街角でこちらに満面の笑みで近づいてくる
キャッチセールスの挨拶です。親しい人どうしの挨拶は、
キャッチセールスの挨拶とは違うのではないでしょうか。

　1 人の話し手が状況に応じて多様なことば遣いをするとい
う「話者内変異」という現象についても、挨拶と同様です。
この現象の説明に持ち出されてきた概念は、スタイル、ただ
それだけです。つまり、ことばの研究者たちは長年、《話し
手は状況に応じて最適なスタイルを意図的に選択し、そのス
タイルで話す。それで話者内変異が生じるのだ。以上、説明
終わり》とやってきました。この説明が「良き市民」の話者
内変異にピッタリくることは言うまでもありません。

　しかし、私たちは誰も、完全な「良き市民」ではありませ
ん。意図的でないことばの変異を、スタイルだけでは説明し
きれない部分を、どういう概念で補い説明すればいいので
しょうか?

　新しい専門用語を鋳造する必要はありません。一般の日本
語話者たちが、「キャラ」という用語をちゃんと作ってくれ
ているではありませんか。ことばの研究にキャラを持ち込む
ことは、胡散臭いことなのでしょうか?　それを胡散臭く思
う感覚は(「良き市民」の感覚ではあるでしょうが)研究の
世界でのまっとうな感覚なのでしょうか?

　拙論(定延 2022)を書く過程で、私は多言語社会で暮
らす人たちの状況を調査してみました。その結果は、「言語
は単なる情報伝達の道具ではない」ということがよくわかる

ものでした。「ドイツ語を話している時は、英語を話している時よりも自信ありげだと言われる。日本語を話している時はドイツ語の時とは違って、控えめで、時には明らかに丁寧だと言われる」「日本語を話している時は丁寧で、英語を話している時は面白い人だと言われる」「ポルトガル語を話している時は積極的で、日本語を話している時は他人に同調しやすい」といった体験や自覚の報告が少なくないからです。《何語で話していても、私は私だ。変わらない》というような、安定した自分を持っている強い人ばかりではありません。会話の言語が違うのは、会話相手が違うからで、それに応じてキャラも変わるという人は珍しくありません。それらの人たちにとって、言語は情報伝達の道具であるだけでなく、キャラが宿る場所にもなっています。

♀ 7　日常の人物評価

　研究の世界だけではありません。私たちの日常でも、意図は万能ではありません。そのことは、たとえば谷崎潤一郎の小説『細雪（ささめゆき）』に見られるような、ごく日常的な感覚を思い起こしてみるだけでわかるでしょう。

　　平素の奥畑はいやにゆっくりゆっくりと物を云う男で、
　　そこに何か、大家の坊々（ぼんぼん）としての鷹揚（おうよう）さを衒（てら）う様子が見
　　えて不愉快なのであるが、今日は興奮しているらしく、
　　いつもよりも急き（せ）込んだ口調で云うのであった。
　　[谷崎潤一郎『細雪』中巻、新潮文庫改版 p.11, 1947]

　この例では、奥畑という男性が、対話している蒔岡幸子に嫌われている様子が描かれています。幸子が奥畑を嫌っているのは、奥畑の話速が遅く、大家の坊ちゃんのようだからです。しかし奥畑は事実、没落しかけとはいえ大家の坊ちゃんで、そのことは幸子も知っています。幸子が奥畑を嫌うのは、奥畑が話速を「意図的に」遅くし、余裕がある《坊ちゃん》の雰囲気をひけらかしているからです。

　『細雪』にはもう１人、報われない男性が登場します。

　と、そこへ悦子が帰って来たので、まあ、娘ちゃん、よろしゅうございましたなあと、———平素から口数の多い、表情たっぷりな物云いをする男なので、———わざと鼻を詰まらせたような作り声を出して云った。

[谷崎潤一郎『細雪』中巻、新潮文庫改版 p.56, 1947]

　ここでは庄吉という男性が、洪水に見舞われてしまったかつての奉公先に一番に駆けつけて一家の無事を知り、いかにも《忠義者》らしく、安堵のあまりの涙声で話しています。が、出迎えた幸子に心中、馬鹿にされています。鼻が詰まった涙声が「わざと」だからです。

　２人の男たちの話し方を幸子が受け入れないのは、プロのデザイナーが「ゆるく作ってやろう」と意図的に緻密な計算で作ったものはゆるくないと言うみうら氏の感覚と同じです。このようなことは、私たちの日常にいくらでもあるでしょう。「坊ちゃん」だ、「忠義者」だ、と聞き手に認められる話し手には、「坊ちゃんらしく話そう」「忠義者らしく

話そう」という意図などありません。（少なくとも聞き手には察知されません。）正真正銘「坊ちゃん」「忠義者」の人格なのかもしれないし、人格を巧妙に偽装しているのかもしれない。しかし、それらよりありそうなのは、話し手は《坊ちゃん》《忠義者》といったキャラを非意図的に発動させて「普通に」話しているということです。

　私たちはそうした社会に生きているのではないでしょうか。

── 資料 ─────────────────────────
みうらじゅん　2004　『ゆるキャラ大図鑑』東京：扶桑社

── 文献 ─────────────────────────
伊藤剛　2005　『テヅカ・イズ・デッド──ひらかれたマンガ表現論へ』東京：NTT出版
犬山秋彦　2012　「はじめに　ゆるキャラとは何か」犬山秋彦・杉元政光『ゆるキャラ論──ゆるくない「ゆるキャラ」の実態』東京：ボイジャー
斎藤環　2011　『キャラクター精神分析──マンガ・文学・日本人』東京：筑摩書房
定延利之　2020　『コミュニケーションと言語におけるキャラ』東京：三省堂
定延利之　2022　「スタイル万能神話の崩壊──状況に応じて、話す言語に応じて、人間（キャラ）が非意図的に変わるということ」松田真希子・中井精一・坂本光代（編）『「日系」をめぐることばと文化─移動する人の創造性と多様性』pp.89-103, 東京：くろしお出版
瀬沼文彰　2007　『キャラ論』東京：Studio Cello［『なぜ若い世代は「キャラ」化するのか』東京：春日出版、2009］
スルダノビッチ、イレーナ（Irena Srdanović）　2018　「日本語コーパスにおける「キャラ（クター）」」定延利之（編）『「キャラ」概念の広がりと深まりに向けて』pp.46-61, 東京：三省堂

━━読書案内━━

定延利之　2011　『日本語社会 のぞきキャラくり──顔つき・カラ
　　ダつき・ことばつき』東京：三省堂
　　日常生活のごく卑近な例を挙げて、キャラ3とは何かを紹介して
　　います。
定延利之　2020　『コミュニケーションと言語におけるキャラ』東
　　京：三省堂
　　キャラ1〜3に関する総合的な情報を得ることができます。
定延利之　2022　「スタイル万能神話の崩壊──状況に応じて、話
　　す言語に応じて、人間（キャラ）が非意図的に変わるということ」
　　松田真希子・中井精一・坂本光代（編）『「日系」をめぐることばと
　　文化―移動する人の創造性と多様性』pp.89-103, 東京：くろし
　　お出版
　　話す言語ごとに、多言語話者のスタイルではなく人間つまりキャラ
　　が、いかに変わっているかをアンケート調査で示しています。

3章 いま・ここからの眺め

　音速の単位「マッハ」に名を遺した、物理学者にして哲学者のエルンスト・マッハ（Ernst Mach）は、自分（の左目）からの眺めを絵に描いています（図1）。

図1：話し手にとっての発話現場（環境）の例

[Ernst Mach. 1922. *Die Analyse der Empfindungen und das Verhältnis des Physischen zum Psychischen*（エルンスト・マッハ『感覚の分析』須藤吾之助・廣松渉訳、東京：法政大学出版局、p.16, 第1図、1971）]

　絵の上方には窓が描かれています。左手には棚があります。絵の中央には、寝椅子の上で組まれたマッハの両足があ

り、その下には寝そべった腹、腕が描かれています。絵の上
方が空白なのは、マッハの眉上の隆起のために、視界が遮ら
れているのでしょう。同様に、絵の右側や下方が空白なの
も、マッハの鼻梁や頬に邪魔されて見えないからでしょう。
なかなか写実的な絵と言ってよいのではないでしょうか。

　太古の昔のこと、遙かな未来のこと、あるいは銀河の果て
のことさえも、人間はことばで語れます。しかしその語りの
根底には、マッハが描いたような「いま・ここ」からの眺め
があります。どういうことなのか、説明しましょう。

⚘ 1　モノとデキゴトの初期値

　まず、マッハになったつもりで、マッハの「いま・ここ」
を見回してみましょう。（正面に見えるのは、時間が経って
も変わらず安定している。あれは、モノ［窓］だ）（左手に
見えるのも、時間的に安定している。あれも、モノ［棚］
だ）（窓の外、遠くの空に、塊が浮いている。時間が経って
も、色は白いままで、形もほぼ変わらない。あれも、モノ
［雲］だ）（いや、色や形はほぼ変わらないが、位置が変
わってきている。あれは、モノ［雲］にデキゴト［動く］が
生じているのだ）という具合に、マッハは「いま・ここ」の
中に、さまざまなモノとデキゴトを見いだしていきます。

　モノやデキゴトを見いだすマッハのやり方は、原則とし
て、時間的な安定性という基準に基づいています。つまり、
「時間的に安定している存在（たとえば［窓］や［書棚］や
［雲］）はモノらしい」、そして「時間的に安定していない存
在（たとえば（雲が）［流れる］）はデキゴトらしい」とい

33

うことが基準になっています。（カタカナ表記の「デキゴト」については第1章で説明しましたが、「モノ」も同様で、専門用語です。日常語の「もの」と違って、「モノ」には動物や人間も含まれます。）

　このことからさらに考えられるのは、「いま・ここでは、モノは少なくとも1個はある。だが、デキゴトは、ない（0個）かもしれない」ということです。どういうことか、説明しましょう。

　まず、モノが少なくとも1個はあるということについて。あたり一面に霧が立ちこめ、視界は白一色だとしても、［霧］という安定的なモノが1個あることになります。視界のすべてが変わり、［窓］も［書棚］も［雲］もない、どこにも安定的な部分が見当たらないということは普通ありません。

　もちろん、「ここに置いたはずのスマホがない！」などと、人間がモノの不在（0個）を意識することはよくあります。しかし、その不在とは「特定のモノ（スマホ）が予期された場所にない」ということでしょう。「いま・ここ」という環境からモノとデキゴトを見出す際のものではありません。

　次に、デキゴトが「いま・ここ」に全くないかもしれないということですが、くわしい説明は要らないでしょう。時間が止まったように「いま・ここ」が何も変わらず（変わっていても気づかず）、「何事も起こらない」などと私たちが退屈がることは珍しくないからです。

　「いま・ここでは、モノは少なくとも1個はある。だが、

デキゴトは0個かもしれない」とは、そういうことです。
これは「いま・ここでは、モノの初期値は1でデキゴトの
初期値は0」と言ってもよいでしょう。

　時間単位には、以上で述べたことの反映を見ることができ
ます。

♆ 2　時間単位の2つの類

　時間単位は大きく2つの類に分けられます。そのうち1
つは、規模が比較的大きい「世紀」「年」「週」「日」で、以
下ではこれらを仮に大規模類と呼ぶことにします。もう1
つは、規模が比較的小さい「時」「分」「秒」で、これらは
小規模類と呼ぶことにします。

　大規模類の時間は、年表や暦やカレンダー上の時間です。
これに対して小規模類の時間は、時計で測る時間です。この
点だけでも、両類ははっきり違っています。が、くわしく見
ると、両類はさらに違っています。

　たとえば「3月3日」には24時間という大きさ（時間
幅）があります。この日は朝も、昼も、晩も変わらず「3月
3日」です。このように大規模類は時間的に安定していま
す。これは、「大規模類はモノ的である」「大規模類の時間
単位は時間をモノとして表す」ということでもあります。

　モノですから、大規模類の時間単位は1から始まります。
つまり初期値が1です。たとえば「世紀」は、マイナス
（紀元前）の方向であれ、プラス（紀元後）の方向であれ、
最初は「1世紀」で、「紀元前1世紀」の次の世紀は「紀元
後1世紀」です。「0世紀」などという世紀はありません。

「年」も「世紀」と同様です。グレゴリオ暦にしても、和暦（明治・大正・昭和・平成・令和）にしても、最初の年つまり元年は「１年」です。「月」「週」「日」も同様で、カレンダーは「１月」「第１週」の「１日」から始まっています。

　それに対して小規模類の時間は、大きさを持ちません。たとえば「３時」とは、厳密に言えば、「３時０分０秒…」という一瞬のことです。もちろん、そのような厳密さが要求されることは日常生活ではほとんどありません。３時２、３分過ぎのことを「３時」と言える場面は少なくないでしょう。しかし、たとえばロケット打ち上げの場面では、３時に打ち上がるはずのロケットが３時０分２秒になって打ち上がったとしたら、大きな問題になるでしょう。日常生活ではあまり問題にされないけれども、厳密には「３時」とは大きさがない一瞬で、次の一瞬には、次の時刻に移っていきます。このように、小規模類の時間は、絶えず変わっていき、安定していません。これは「小規模類はデキゴト的である」、つまり「小規模類の時間単位は、時間を、時間経過というデキゴトの経過点として表す」ということでもあります。デキゴトですから、小規模類の時間単位は、初期値が０です。１日の始まりは「１時１分１秒」ではなく「０時０分０秒」です。

　人間は「いま・ここ」を越え、宇宙の森羅万象をことばで表すことができます。が、そのことばの根底には、「いま・ここ」からの眺めがあります。時間単位が１から始まったり、０から始まったりするのは、その現れです。

　大規模類の時間単位には大きさがあって初期値が１、小規

模類の時間単位には大きさがなくて初期値が0、というのは、私は20年以上前に拙著（定延 2000）で述べていたことです。しかし、なぜそうなのか、ということはわからないままでした。答はずっと、「いま・ここ」の場にあったのですが、私は遠くばかりを見ていて、最近になるまで、何も気づきませんでした。

❧ 3　全称量化と存在量化

　「いま・ここ」における話し手の意識は、時間単位とは別の形でも見ることができます。まず準備として、「全称量化」「存在量化」という数理論理学の概念を紹介しましょう。

　ここで言う「全称量化」とは、「全要素がそうである」ということです。また、ここでの「存在量化」とは、「全要素がそうでない、というわけではない」、つまり「少なくとも一部の要素はそうである」ということです。

　たとえば、「このクラスの生徒はワクチンを打ちました」と聞いて、そのクラスの生徒全員がワクチンを打ったからこう言っているのだと解釈すれば、その解釈は全称量化の解釈です。またたとえば、「生徒が伝染病に感染したので当分の間、このクラスは閉鎖します」と聞いて、そのクラスの生徒の中に感染者が少なくとも1人出たからこう言っているのだと解釈すれば、その解釈は存在量化の解釈です。数理論理学の概念ということで、難しそうに思われたかもしれませんが、実際は全称量化も存在量化もこのように、私たちの日常のことばのあちこちによく見られるものです。

全称量化・存在量化の意味は、他にもいろいろな表現に見てとることができます。時間領域・空間領域・モノ領域・程度領域という4つの領域の表現を順に観察してみましょう。

❦ 4　時間領域の表現における全称量化と存在量化

　時間領域の表現では、全称量化とは終期のこと、存在量化とは期限のことです。それぞれ、例を挙げてみましょう。

　たとえば「8時まで家事をした」と言えば、家事をずっと続けて8時に終えたことになります。というのは、この文の中にある「まで」が終期を表すからです。終期というのは、そこに到る全時点で「事態」（デキゴトと状態を併せてこう呼んでいます。いまの例なら家事です）が成立していることを要するので、全称量化的な意味と言うことができます。（念のために言い添えれば、「そこに至る全時点」といっても、よそ見をしたり、くしゃみをしたり、トイレに行ったりする時点にまで家事をしている必要はありません。「全時点」とはあくまで常識的なレベルでの「全時点」です。）

　またたとえば、「8時までに家事をした」と言えば、8時に至る少なくともどこか1時点で事態（家事）が成立したことになります。というのは、文中の「までに」が期限を表すからです。期限というのは、そこに到る少なくともどこか1時点で事態（家事）が成立していればよいので、存在量化的な意味と言えます。（なお、この文を、8時前に家事をすっかりやり終えたと解釈する人が結構いますが、家事を終えたという解釈は必須ではないことに注意してください。た

とえ一瞬だけでも8時前に家事をやっていれば「8時までに家事をした（ことはした）」と言えるからです。それにそもそもよく言われるように「家事には終わりがない」でしょう。）

　終期（全称量化）と期限（存在量化）のペアとしては、いま見た「まで」「までに」の他にも、「じゅう」「じゅうに」、「の間」「の間に」が挙げられます。「点検を夏じゅうおこなった」「点検を夏の間おこなった」と言えば、夏にずっと点検していたのでしょうし、「点検を夏じゅうにおこなった」「点検を夏の間におこなった」と言えば、夏の終わりまでに少なくとも1日ぐらいは点検したのでしょう。このように日本語では、「まで」「じゅう」「の間」の直後に「に」が付くか付かないかという、それだけの違いで、終期（全称量化）と期限（存在量化）の意味が変わってきます。終期と期限の表現形式がよく似ていると言えるでしょう。

　なぜ似ているのか？　日本語は、スキャニング表現に積極的だからです。

　ここで言う「スキャニング」とは、事物（デキゴトとモノを併せてこう呼んでいます）を捉える方法の一種で、事物を一部分ずつ捉えていく方法のことです。たとえば、たくさんの人たちをいきなり［群衆］と捉えるのではなく、［背の高い男性と、眼鏡をかけた女の子と、白いヒゲの老人と、犬を連れた若い女性と、……］のように、一部分（1人）ずつ捉えて全体の把握に到るのがスキャニングです。

　事物を捉える方法と同じことが、事物を表現する方法についても言えます。たくさんの人たちを「群衆」と、まるごと

一挙に表現することもできますが、「背の高い男性と、眼鏡をかけた女の子と、白いヒゲの老人と、犬を連れた若い女性と、……」のように、スキャニングの形で表現することもできます。このような表現をここでは「スキャニング表現」と呼んでおきます。

全称量化（終期）の表現とは、「問題の時点（先ほどの例なら8時）に到るまでの時間を、細かい時間帯に分けると、その細かい時間帯のどれもこれもが、事態（家事）を成立させている」という意味ですから（図2の上）、スキャニング表現です。

これに対して、存在量化（期限）の表現とは、「問題の時点（8時）に到る時間のうち、少なくともどこかの一時点で事態（家事）が成立」という意味ですから（図2の下）、スキャニング表現ではありません。事態は成立しているけれども、「少なくともどこかの一時点で」としか言えないのは、一部分ずつ細かくスキャニングしないからです。

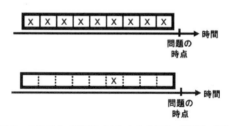

図2：全称量化（終期）（上）と存在量化（期限）（下）

（図中の「X」印は問題の事態を示し、点線はスキャニングがなされていないことを示す）

　全称量化（終期）と存在量化（期限）の違いは、スキャニング表現をするか（全称量化）、しないか（存在量化）の違いに過ぎません。全称量化（終期）と存在量化（期限）の表現形式が似ているのは、そのためです。

✿ 5　スキャニング表現に積極的な言語と消極的な言語

　実はこれは、日本語がスキャニング表現に積極的な言語であればこその話です。スキャニング表現を活発におこなうという土壌があって初めて、「スキャニング表現をするか（全称量化）、しないか（存在量化）」という選択の余地が生じるからです。少し横道にそれますが、ここで、スキャニング表現について述べておきます。

　もしある言語が、スキャニング表現に消極的な言語であったなら、全称量化（終期）は、存在量化（期限）とは全く違った方法で表現されることになるので、両者の表現形式は類似しません。中国語はまさにそのような言語です。

　ためしに、日本語と中国語の違いを、いま問題にしている終期・期限の表現とは違った別の表現で確かめてみましょう。まず、日本語の副詞「ずっと」と、中国語の副詞 "一直"（yīzhí）を取り上げます。日本語も中国語も、時間軸上に連続して並んでいる数個のモノ（数日）が皆、［温暖］という同じ状態であれば、それを「ずっと」"一直" で表せます。（念のため言っておくと、数日を「数個のモノ」と言うのは、第2節で述べたように、「日」が大きさを持ち（24時間）、1から始まる、モノだからです。）具体的には、日本語なら「この数日はずっと暖かかった」、中国語なら "这

41

几天一直都很暖和"（zhè jǐtiān yìzhí dōu hěn nuǎnhuo）
という具合です。

　しかし、モノが１個（１日）しかなければどうなるで
しょうか？　日本語は、スキャニング表現により、その１
個（１日）を、たとえば「７時台、８時台、９時台、……」
などと、小さな構成要素の集合として表せるので、結果的に
は、モノが複数個あるのと同じように表現できます。それが
「今日はずっと暖かった」です。他方、中国語は、スキャ
ニング表現に消極的なので、今日１日だけのことなら"一
直"（「ずっと」）とは言えません。「今日はずっと暖かった」（"今天一直都很暖和" jīntiān yìzhí dōu hěn nuǎnhuo）
は不自然です。

　時間というより空間やモノの話、そして文法というより語
彙の話になりますが、「ずっと」と同じことは、さらに「巡
る」「走り回る」にも観察できます。

　日本語では、「巡る」という動詞は、場所が複数個でも１
個でも構いません。旅行会社の宣伝文句を見てみましょう。
たとえば「ヨーロッパの世界遺産を巡る旅」というのは、
ヨーロッパの世界遺産を１つまた１つと見て回る、複数個
の場所を移動する旅に行きませんかという宣伝です。またた
とえば、「○○岬をクルーズ船で巡る半日観光」というの
は、１つしかない○○岬を、一部分、また一部分とスキャ
ニングするように順に観光していく旅の宣伝です。前者だけで
なく後者の旅も、日本語で「巡る」と表せるのは、日本語が
スキャニング表現に積極的だからです。

　中国語ではそうはいきません。場所が複数個の「巡る」は

"巡游（xúnyóu）" "环游（huányóu）" "周游（zhōuyóu）"
と言う一方で、場所が1つの「巡る」は "游览（yóulǎn）"
と、動詞が区別されます。訪れる場所が1つだけの観光を、
場所が複数個ある観光と同じようには言いません。スキャニ
ング表現に消極的だからです。

　「走り回る」も同様です。インターネット上には、弱って
いるペットを抱えていくつもの病院を「走り回る」といった
書き込みがある一方で、ある病院に連れてこられた子供が元
気に病院を「走り回る」といった文章もあります。たくさん
の病院は「走り回る」と言えるし、1つしかない病院でも、
スキャニング表現で「あちらのフロア、こちらの病棟と走っ
て行く」つまり「走り回る」と言える、ということです。し
かし中国語は、場所が複数個の「病院を走り回る」は "跑了
好几家医院（pǎole hǎo jǐjiā yīyuàn）"、場所が1つの「病
院を走り回る」は "在医院里跑来跑去（zài yīyuànli pǎolái
pǎoqù）" というように、別々の表現になります。スキャニ
ング表現に消極的だからです。

　モノの表現についても同様の日中差が観察できます。「県
下の全校」とも「全校をあげて運動に取り組む」とも言える
ように、日本語では「たくさんの学校すべて」は「全校」、
そして「1つの学校の全部分。1年生も2年生も3年生も、
学生も教職員もみんな」も「全校」と表せます。しかし中国
語では、前者は "所有（的）学校（suǒyǒu (de) xuéxiào)"
と言い、日本語と同形の "全校（quánxiào）" はもっぱら後
者の意味を表します。スキャニング表現に消極的だからで
す。

スキャニング表現に関する日中両語のこのような違いを認めれば、終期と期限の表現形式についての違いも同様に理解できるでしょう。スキャニング表現に積極的な日本語では、上にも述べたように、終期（全称量化）と期限（存在量化）の表現の違いは、「スキャニング表現をするか（全称量化）、しないか（存在量化）」という選択の問題でしかなく、両者の表現形式が似ます。しかし中国語は、もともとスキャニング表現に消極的なので、全称量化をスキャニング表現で表しません。結果として全称量化と存在量化の表現形式は根本的に違うものになります。「私は8時まで家事をした」は"我做家务做到八点（wǒ zuò jiāwù zuò dào bādiǎn, 私は家事をして8時になった）"となり、「私は8時までに家事をした」は"我在八点之前做了家务（wǒ zài bādiǎn zhī qián zuò le jiāwù, 私は8時の前に家事をした）"となります。「に」の有無どころではない、大きな違いがあることがわかるでしょう。

✧ 6　空間領域の表現における全称量化と存在量化

　話を本筋に戻します。時間領域に続いて、今度は空間領域の表現を見てみましょう。ここでも日本語は、全称量化をスキャニング表現することによって、存在量化の表現と酷似した形で表せます。それに対して、スキャニング表現に消極的な中国語はやはり、両表現の形式が大きく異なります。

　たとえば、「この海域じゅうに財宝が埋まっている」とは、この海域の到るところにくまなく、財宝がびっしり埋まっているということです。この海域を構成するたくさんの

小さな領域のすべてに財宝があるということですから、全称量化の意味です（図3の左）。

図3：全称量化（くまなく）（左）と
存在量化（少なくともどこか1つ）（右）
（図中の点線はスキャニングされていないことを示す）

　それに対して、「この海域ちゅうに財宝が埋まっている」とは、この海域の少なくともどこか1か所に財宝があるということです。財宝のありかには無頓着で、どこかに少なくとも1つあればいいというわけですから、スキャニング表現ではなく、存在量化の表現です（図3の右）。「海域じゅう」と「海域ちゅう」、酷似していると言えるでしょう。

　他方、中国語では、全称量化の意味をスキャニング表現で表さないので、全称量化と存在量化の表現形式は大きく違ったものになります。全称量化の表現は "在这片海域中到处都沉睡着宝蔵（zài zhè piàn hǎiyù zhōng dàochù dōu chénshuì zhe bǎozàng）"、存在量化の表現は "在这片海域中沉睡着宝蔵（zài zhè piàn hǎiyù zhōng chénshuì zhe bǎozàng）" です。全称量化の表現は存在量化の表現に "到处都（dàochù dōu）" を加えただけじゃないか、両者は結構似ているのではと思われるかもしれません。が、"到处都（dàochù dōu）" を加えるか否かは、決して小さな違いとは言えません。というのは、その "到处都"（至るところ）

こそが全称量化の表現に他ならないからです。中国語では、スキャニング表現ではない存在量化の表現が基本になっており、全称量化を表す場合は、全称量化を表す特別の語句がそれに付け加えられるということです。

⚘ 7　モノ領域の表現における全称量化と存在量化

　時間領域・空間領域だけでなく、モノ領域の表現も同様です。先の第３節では、［このクラスの生徒たち］という、モノ（生徒）の集合を持ち出して、全称量化と存在量化という概念を紹介しました。が、全称量化と存在量化の意味の区別は、モノ１個だけを見ても観察されます。

　モノ１個を領域とする場合、日本語は全称量化と存在量化の表現が酷似、どころか完全に一致します。たとえば「大事にとっておいたリンゴのうち、３つは食いしん坊の兄に食われていた」と言えばたいてい、３つのリンゴは全部分が兄の胃袋に収まったことになります。これは全称量化の解釈です（図４の左）。

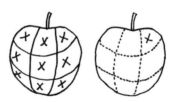

図４：全称量化（全部）（左）と存在量化（少なくとも一部分）（右）
（図中の点線はスキャニングされていないことを示す）

　しかし、この「兄」を「虫」に変えて、「大事にとってお

46

いたリンゴのうち、3つは虫に食われていた」とすれば、3つのリンゴはそれぞれ一部分に虫食いの穴が空いていることになります。これは存在量化の解釈です（図4の右）。どちらの解釈の場合も、日本語では「食う」で、違いはありません。しかし中国語では、全称量化と存在量化で動詞が異なります。全称量化の場合は "珍藏的苹果中，有三个被贪吃的哥哥吃掉了（zhēncáng de píngguǒ zhōn, yǒu sānge bèi tānchī de gēge chīdiào le）" で、「食う」は "吃掉（chī diào）" です。それに対して存在量化の場合は "珍藏的苹果中，有三个被虫子咬了（zhēncáng de píngguǒ zhōn, yǒu sānge bèi chóngzi yǎo le）" で、「食う」は "咬（yǎo）" です。

◆8　程度領域の表現における全称量化と存在量化

　最後に取り上げるのは程度領域の表現です。ここでも、モノ表現の場合と同じく、日本語では全称量化と存在量化は表現形式が一致します。これに対して中国語では、両者は異なる動詞で表現されます。

　たとえば、直立していた木が傾いたとします（図5）。この時、「木はまだ倒れていない」と言うこともできますし、「木はわずかにせよ倒れた」と言うこともできます。

図5：傾いた木

　木がどれほど傾いても、「木はまだ倒れていない」と言い張ることはできます。しかし、木が地面に横倒しになってしまったら、さすがに「木は倒れた」と認めないわけにはいかなくなります。直立していた木が横倒しになるまでの、木が傾く程度を、仮に分度器のように［0度の直立状態から1度］［1度から2度］［2度から3度］…［89度から90度の横倒し］に分けると（図6）、「倒れる程度」を構成する小さな領域が90個できます。

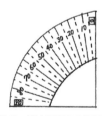

図6：傾く程度の小領域

　「完全に横倒しになった時に初めて「木は倒れた」と言える」という場合の「倒れる」は、90個の小領域すべてにおいて［木が倒れる］が成立していることを要する、全称量化

の表現だということがわかるでしょう。

　それに対して、「木はわずかにせよ倒れた」というのは、木が１度しか傾かなくても言い立てることができます。この場合の「倒れる」は、「木が倒れる程度」の90個の小領域のうち、少なくともどこか１個において、［木が倒れる］が成立していればよいという、存在量化の表現です。

　「少なくともどこか１個」というのは、もし１個であれば、もちろん［０度の直立状態から１度］です。２個であればそれに［１度から２度］が加わります。ある小領域における［木が倒れる］の成立は、程度がより小さな小領域すべてにおける［木が倒れる］の成立を必要とします。このように、小領域どうしの間に順序関係があるという点は、時間・空間・モノの領域には見られない、程度領域の特色と言えます。が、その他には特に違いはありません。

　そして中国語はやはり、両者の表現形式が違っています。「木が倒れた」は、全称量化の場合は"樹倒了（shù dǎo le）"、存在量化の場合は"樹歪了（shù wāi le）"で、"倒（dǎo）"と"歪（wāi）"という異なる動詞で区別されています。

♀9　名詞性は存在量化の意味をサポートする

　長い準備はようやく終わりました。「いま・ここ」における話し手の意識が、時間単位に及ぼす影響については、第２節で紹介しました。では、時間単位以外には、どのような影響があるのでしょうか？　全称量化と存在量化について見たこと（第３節〜第８節）を踏まえて、述べてみましょう。

それはひとことで言えば、「時間・空間・モノ・程度の表現のうち、時間の表現に限って、名詞性を帯びると、本来なら全称量化（終期）を表すはずの表現が、存在量化（期限）をも表せるようになる」ということです。

　たとえば「もう6時だ。8時までの仕事が間に合いそうにない」とは、このままの調子だと8時になっても仕事が終わっていなさそうで、まずい、ということでしょう。この場合、「8時までの仕事」は、8時が期限の仕事を表しています。通常なら全称量化（終期）を表すはずの「8時まで」が、直後に助詞「の」が付いた名詞的な環境の中で、存在量化（期限）を表しています。もちろん、「8時までの仕事があるから、今日は帰りが遅くなる」のように、直後に「の」が付いても「8時まで」が全称量化（終期）の意味を表すことはあります。が、ここでのポイントは、「8時まで」が名詞性を帯びると、全称量化の他に、存在量化の意味をも表せるようになる、ということです。

　「じゅう」の例も追加しておきましょう。「この仕事は夏じゅうだ」に「だから、他の仕事は秋まで受けられない」と続く場合、「夏じゅう」は本来の全称量化（終期）の意味を表します。しかし、「秋にずれ込むことは許されない」と続く場合、「夏じゅう」は存在量化（期限）を表します。この「夏じゅう」の直後には、判定詞「だ」が現れているので、やはり「夏じゅう」は名詞的な環境に置かれているのだとわかります。

　では、なぜ、時間表現の名詞性が存在量化（期限）の意味をサポートするのでしょうか？

　マッハの部屋（第1節）に戻って考えてみましょう。た
とえば「動く」が動詞であるのと違って、「窓」「書棚」
「雲」がすべて名詞であるように、ことばの名詞性は、その
ことばが表す対象のモノらしさに通じます。そして、そもそ
もモノとは、「いま・ここ」における話し手にとっては、時
間的に安定していて変わらない存在です。モノらしさが高
く、時間的に安定している存在については、「この時間帯は
どうか？」「次の時間帯はどうか？」「その次の時間帯はど
うか？」と、いちいち時間に沿ってスキャニングする必要は
ないでしょう。それで、時間表現の名詞性が高い場合は、ス
キャニング表現（全称量化つまり終期）の解釈が弱まり、結
果的にその分だけ、スキャニングしない表現（存在量化つま
り期限）の解釈が出てくるのでしょう。

　なお、このような現象は、時間領域の表現に特有で、空間
領域・モノ領域・程度領域の全称量化の表現には起こりませ
ん。現象成立のカギが「モノの時間的安定性」という、時間
領域固有の事情にあるからです。

　とはいうものの、モノ領域や程度領域の表現の場合は、動
詞（「食う」「倒れる」）を名詞的環境におくこと自体が難し
い上に、そもそも全称量化と存在量化の形式が同じなので、
起こりようがないと言うべきかもしれません。

　では、空間領域の表現はどうか？　たとえば「この海域
じゅうの財宝」のように、「この海域じゅう」の直後に助詞
「の」を付けることで、「この海域じゅう」の名詞性を高め
ても、相変わらず全称量化の意味しかありません。名詞性が
存在量化の意味をサポートする現象は、やはりモノの時間的

安定性と関連していると考えられます。

　ただし、空間領域の表現にも、名詞性を高めることで変化が生じることはあります。「この海域じゅうの財宝」と言えば、「この海域の至るところにくまなくある財宝」の意味にもなりますが、それだけでなく、むしろ「この海域にある財宝すべて」の意味になることの方が多いでしょう。たとえば「この海域じゅうの財宝を君にあげる」と言う話し手は、たいていの場合、この海域にぎっしりくまなく埋まっている財宝を聞き手に譲り渡すと言っているわけではなく、この海域のあちらこちらに見つかった財宝を残らず全部聞き手に譲り渡すと言っているのでしょう。

　これは、直後に「の」が付き「この海域じゅう」の名詞性が高まることによって、「じゅう」の全称量化が海域という場所を領域とする代わりに、「このクラスの生徒たち」と同じようにモノ（財宝）の集合をも領域とし得るようになる、ということです。場所領域からモノの集合領域へという、このような領域の変化も、名詞性という表現の文法的特徴と、モノらしさというイメージとのつながりを示す現象と言えるでしょう。

── 文献 ──
定延利之　2000　『認知言語論』東京：大修館書店

── 読書案内 ──
定延利之　2013　「量化の意味への言語的手がかり」木村英樹教授
　　還暦記念論叢刊行会（編）『木村英樹教授還暦記念中国語文法論叢』
　　pp.332-351、東京：白帝社

　　全称量化と存在量化についての簡単な紹介があります。旅行会社の
　実際の宣伝文句も記載されています。
定延利之　2023　「文法の場面性」『日本認知言語学会論文集』第
　　23巻、pp.22-34.
　　認知言語学という学派の学会に招かれて話したもので、全称量化と
　存在量化に関するアンケート調査の結果が記されています。

4章 文

　私が「文とは何か？」と論じだすと、それだけで、この本が終わってしまいかねません。ここでは「文の途中での終助詞の出現」「名詞一語だけの発話」という２つの現象を取り上げて、これらを通して「文とは何か？」という問題を少しだけ論じることにします。これら２つの現象をつなぐのは、「跳躍的上昇」そして「下降」というイントネーションです。

♈ 1　終助詞と間投助詞

　「終助詞」と呼ばれる一群のことばは、文の終わりに現れるので、こう呼ばれています。しかし、終助詞のうち「よ」「さ」「ね」「な」は、「雨ですよ」「当然さ」「そうね」「早いな」のように文末に現れる場合だけではなく、「オレがよぉ、」「今度さぁ、」「あなたにね、」「それをだな、」のように、文の途中に現れる場合もあります。（いま「文の途中」と述べたのは、「文の途中の文節の末尾」のことですが、ここでは簡単に「文の途中」と書きます。）

　文の途中に現れる「よ」「さ」「ね」「な」は、「終助詞」とは区別して「間投助詞」と呼ばれることもあります。これは、「よ」「さ」「ね」「な」には終助詞の他に間投助詞の場合もあるとすることで、「終助詞は文末に現れる」という規

則をなんとか保持しようとする考えによるものです。

　規則の保持に反対する研究者もいます。たとえば故・藤原与一氏は、終助詞と間投助詞の区別を認めませんでした（藤原 1994）。こう言う私自身も藤原氏に近く、間投助詞という品詞を設けることには消極的です。なぜ消極的なのか？「その先」が（少なくとも私には）見えてこないからです。終助詞と間投助詞を厳密に区別して、「文末に現れる」という終助詞の独自性を保持したとしても、それでどうなるのか。視野が開けるとは思えないからです。むしろ、間投助詞という品詞を認めずに「終助詞が文の途中に現れる」とはっきり認めてしまい、「終助詞が文の途中に現れるとは、一体どういうことなのか？」と正面から考える方が、実質的に進展できると考えています。このあたりのことを、少しくわしくお話ししましょう。

⚕2　終助詞は文の途中に現れない？

　「終助詞は文末だけでなく、文の途中にも現れる」と考えるなら、たとえば「ぞ」のような、文末にしか現れない（本来の？）終助詞はどうなるのだ、という疑問が沸くかもしれません。

　しかし、「ぞ」のような終助詞が「文末にしか現れない」というのは本当でしょうか？　よく考えてみれば、それらの終助詞も（全部ではないにせよ多くは）文の途中に現れるのではないでしょうか？

　たとえば、「みんなで大切に育てていた、その花をだぞ、踏みつけて謝罪もないとは、どういう了見だ」の「ぞ」は、

文の途中（「その花をだぞ、」）に現れているのではないでしょうか？

　皆さんの頭には、「それは文の途中ではない。文末だ」という考えが浮かんでいるかもしれません。つまり、問題の文は実は1文ではなく、2つの文「みんなで大切に育てていた、その花をだぞ。」「踏みつけていまだに謝罪もないとは、どういう了見だ。」の連続体だ、という考えです。

　しかし、「その花をだぞ」のようなところで文が終わり、その花を目的語とする「踏みつけて」から新たな文が始まるというのは、本当でしょうか？　そんな文連鎖のパターンは聞いたことがありません。私はまず、この点に疑問を感じずにはいられません。

　仮にこの疑問を措いたとしても、さらに別の疑問が浮かびます。この「ぞ」は、なぜ普通、上昇調イントネーションで発せられるのでしょうか？　つまり、なぜ下降調イントネーションでは発せられないのでしょうか？　誰もが文末と認める位置でなら、「ぞ」を下降調イントネーションで発することに問題はありません。たとえば、敵を発見して仲間に告げる「いたぞ！」は、「い」を低く、「た」を高く、そして最後の「ぞ」は低く発することができます。この場合、声の高さは「た」から「ぞ」にかけて下降しています。これは、「ぞ」を下降調イントネーションで発しているということです。しかし、「みんなで大切に育てていた、その花をだぞ」の「ぞ」は普通、下降調では発せられません。「みんなで大切に育てていた、その花をだぞ」は、本当に文なのでしょうか？

✿ 3　文の途中の「よ」は音調が普通下がらない

　ここで、文の途中に現れることが以前から認められている（つまり間投助詞としても認められている）「よ」「さ」「ね」「な」を見てみましょう。

　まず、「よ」について。たとえば「やめてよ」という発話を考えてみます。「や」を低く、「め」を高く、「て」も高く、そして最後の「よ」を下降調で低く下げて言うと、女性などが、やめてほしいと訴える発話になります。これは「やめてよ。」という文です。大きな文の途中の一部「〜やめてよ、〜」とは解釈できません。つまり「よ」は文末の「よ」であって、文の途中の「よ」ではありません。以上のことが示しているのは、「よ」は、文末でなら下降調で発せられることがあるけれども、文の途中では、普通、下降調では発せられない、ということです。

　それと符合する話ですが、文末には現れないことばに続く「よ」は、声の高さが原則的に下降しません。文末に現れないことばの例として、接続詞の「しかも」を取り上げてみます。この「しかも」に続く「よ」を、文の途中で現れる「よ」の例として観察してみましょう。

　接続詞の「しかも」には、「し」が低く、「か」が高く、「も」が低いという、決まった高低の発音パターンがあります。アクセントと呼ばれるものです。この「しかも」のアクセントは普通、そのまま音調に反映され、「し」が低く、「か」が高く、「も」が低く発せられます。では、それに続く「よ」の音調はどうでしょうか？

　早口で勢い込んで言えば、「よ」の音調は、「しかも」の

「か」の高音から「も」の低音にかけての下降調の中にかき消えてしまうこともあります。しかし、「よ」の部分までを、ゆっくり、はっきり言うと、「よ」は上昇調イントネーションで発せられるのが普通だとわかるでしょう。まず、「し」を低く、「か」を高く、「も」を低く言った後、「よ」を高く言えば、女性っぽい「しかもよ、」になります。また、「し」を低く、「か」を高く、「も」を低く言った後、「だ」をはさんでから「よ」を高く言えば、男性っぽい「しかもだよ、」ができあがります。いずれにしても、「よ」は上昇調で発せられることがわかるでしょう。

　たしかに、「しかもよぉ、サツがよぉ、来てよぉ、〜」のような、品の良くない男の「よぉ」は、文の途中に現れ、音調が下降します。もっとも、この「よぉ」は、一般の下降調の「よ」とは別物です。というのは、この「よぉ」の音調は「よ」の音調よりも長く、高さの点でも、一般の下降とは違っているからです。

　「しかもよぉ」を例にとると、「しかも」の末尾「も」の低音に続く「よぉ」は、ポンと跳躍するように、高い音の「よ」から始まり、そして「ぉ」と下降します。

　「サツがよぉ」や「来てよぉ」の「よぉ」も同様です。「サツが」は「サ」が高音、「ツ」が低い音、「が」も低い音と、アクセントで決まっており、末尾の「が」は低い音で発せられます。「来て」のアクセントも同型で、「き」は高い音、そして「て」は低い音で発せられます。それらの末尾の低い「が」や「て」に続く「よぉ」は、ポンと跳躍するように高い音で「よ」と始まり、そこから下降して「ぉ」は低い

音調になります。

　「ポンと跳躍するような上昇調」、とわざわざ言うのは、一般の上昇調とは違っているからです。もしも、これらのことば、たとえば「サツが」（つまり高音調の「サ」、低音調の「ツ」、低音調の「が」）に続けて、「よ」を一般の上昇調で、「が」の低音からなだらかに上昇させ、そして「ぉ」と下降させて言えば、コブシをきかせているような妙な言い方になってしまいます。そこで以下では、「ポンと跳躍するような上昇調」を「跳躍的上昇」と呼んで、一般の上昇調とは区別しておきましょう。「しかもよぉ、サツがよぉ、来てよぉ、〜」の「よぉ」は、跳躍的上昇プラス下降で発せられている、ということになります。

　跳躍的上昇は、時には上昇幅が小さく、上昇幅がゼロという場合さえもあります。が、その場合でも、跳躍的上昇プラス下降調の「よぉ」は、下降調の「よ」とは区別できます。下降調の「よ」よりも長いからです。

♥ 4　文の途中の「さ」も音調が普通下がらない

　「さ」も「よ」と同じです。「さ」は、文末では下降調で発せられることがありますが、文の途中ではそのようなことはありません。例として、「それでさ」の最後の「さ」を取り上げましょう。「それで」は普通、アクセントどおり、「そ」が低い音、「れ」が高い音、「で」が高い音で発せられます。それに続けて、「さ」を下降調で、つまり低い音で言うと、「だからなのだ」という意味の文「それでさ。」になります。最後の「さ」は文末の「さ」だということです。も

しも上昇調の「さ」であれば、つまり「そ」を低く、「れ」を高く、「で」も高く言った後、そこからさらに上昇させて「さ」と言うなら、文の途中の「それでさ、」になります。しかし、この上昇調と異なり、下降調の「さ」は、文の途中には現れません。

　もっとも、跳躍的上昇の後で低く下げて言う「さぁ」なら、文の途中に聞こえます。「そ」を低く、「れ」を高く、「で」も高く言った後、ポンと跳躍するように、「で」の高音よりもさらにもっと高い音で「さ」と言い、そして「ぁ」と下降すると、「それでさぁ、」という、文の途中の言い方になります。ただし、この「さぁ」は長く、単なる下降調の「さ」とは別物です。

✤ 5　文の途中の「ね」「な」も音調が普通下がらない

　「ね」や「な」も、基本的に同じです。下降調では、文の途中には現れません。たとえば、接続詞の「それで」をアクセントどおりに、「そ」を低く、「れ」を高く、「で」も高く言った後、ポンと跳躍するようにそこからさらに高く発するような、跳躍的上昇調の「ね」「な」であれば、文の途中に現れるのですが（「それでね、」「それでな、」）、下降調では現れず、つまり「それでね、」「それでな、」は不自然です。跳躍的上昇で発し始めた後で音調を下降させる「ねぇ」「なぁ」なら、文の途中らしく聞こえますが（「それでねぇ、」「それでなぁ」）、これは長く、単なる下降調の「ね」「な」とは別物です。

　以上で述べたように、「よ」「さ」「ね」「な」は、跳躍的

上昇プラス下降の「よぉ」「さぁ」「ねぇ」「なぁ」を別とす
れば、文の途中では下降調で現れません。上昇調で現れるだ
けです。

♀6　文の途中で示せる態度は？

　さて、第 1 節を思い出してください。「みんなで大切に育
てていた、その花をだぞ」の「ぞ」は、下降調では現れず、
上昇調で現れるのでした。ということは、この「ぞ」は、文
の途中の「ぞ」ではないでしょうか？

　「よ」「さ」「ね」「な」とは違って、「ぞ」は跳躍的上昇と
の相性がよくありません。そのため、文の途中で、跳躍的上
昇プラス下降で「わ̲しはぞぉ、」などと現れることはありま
せん。しかし、文の途中では普通、下降調では現れません。
この点は、「よ」「さ」「ね」「な」と同じです。

　一般に、発話の音調は、冒頭から末尾にかけて、全体にじ
りじりと下がっていくのが普通です。この現象は「自然下
降」（declination）と呼ばれます。この全体的な傾向から
すれば、終助詞の下降調というのも、当たり前のように思わ
れるかもしれません。しかし実際は、終助詞の音調は、跳躍
的上昇に続く場合を除けば、文の途中では下降しません。上
昇するだけです。

　ああ、例外がありました。たとえば「そこには、お供え用
にか、果物があった」の｜か̅｜は、直前の「に̅」よりも低
く、下降調で発せられます。「あの時、田中さんだっけ、何
か言ったね」の「っ̅け」も、直前の「だ̅」よりも低く、下降
調で発せられます。これも例外です。

これらの終助詞を私が反例とせず、例外として片付けるのは、なぜか？　それは、これらの終助詞が疑問の終助詞で、もともと「疑問」という、上昇調イントネーションと似た意味を持っているからです。

　たとえば「AはBなのである」と落ち着きはらって言い渡すような態度、とでも言えばよいでしょうか、それは文末でのみ示せる態度です。文の途中の話し手は、もっと違う態度で終助詞を発します。

　疑問、つまり何かを問うという、落ち着きはらって何かを言い渡す態度とはそもそも対極的な態度の終助詞を除けば、終助詞を下降調で発しないとは、こういうことではないでしょうか。

⚸ 7　跳躍的上昇と発話の終了意識

　「終助詞が文の途中に現れる」という現象については、以上でひと区切りとします。今度は、跳躍的上昇に注意を向けてみましょう。話し手は、発話の音調をどういうきもちで跳躍的に上昇させるのでしょうか？

　私の答を言ってしまうと、跳躍的上昇は発話の終了意識と対応しています。話し手が「自分が話している発話はこれで終わり」と意識すれば、発話の音調は跳躍的に上昇します。

　もちろん、すべての発話には終わりがありますから、発話の終了は至るところにあります。しかし、話し手がその発話の終了をはっきり意識するとは限りません。話し手は、その次に話す内容を考えたり、相手の反応を見たりするのに忙しいからです。跳躍的上昇は、特に話し手が「いまことばを発

話中。ああ、ことばが終わる」と意識する状況にかぎって生じます。

　例として、「バナナ」という発話を取り上げてみましょう。われわれは日常、「バナナ」という語をどのように発しているでしょうか？　特に何も考えず、ただ言語チャンネルを ON にして、つまりしゃべる気になって、あとは［黄色くて細長い、あの果物］というイメージを思い浮かべるだけで、口から勝手に「バナナ」という音が出てくるのではないでしょうか。しかし、しりとりで自分の番になり、「バ」で始まることばを言う状況では違います。話し手は、［黄色くて細長い果物］ではなく、［「バナナ」ということば］を言うつもりになっており、その意識で「バナナ」と言います。これは、話し手が「自分はことばを発話中だ」と意識しやすい状況に他なりません。そして、「バナナ」の発話が最後に近づくと、［ああ、「バナナ」ということばが終わる］と、発話の終了が意識されやすくなります。その結果、「バナナ」の「ナ」が跳躍的上昇によって、高く発せられやすくなります。アクセントどおりに発すれば、「バ」は高く、次の「ナ」は低く、そして末尾の「ナ」も低くなるところですが、跳躍的上昇というイントネーションによって、末尾は高く、「バナナ」と発せられやすくなる、ということです。

　ジャンケンをして、グーで勝てば「グーリーコ」と言いながら 3 歩進む、チョキで勝てば「チーヨーコーレーイート」で 6 歩進む、パーで勝っても「パーイーナーツープール」で 6 歩進むというゲームの状況も同様です。この状況では、ことばの意味を問題とせずに、決められたことばを呪文のよ

うに言いながら進むわけですから、話し手は［自分はことば
を発話中］と意識しやすく、やがて［ああ、ことばが終わ
る］となります。「グリコ」の「コ」、「チヨコレイト」の
「ト」、「パイナツプル」の「ル」が跳躍的に高くなりやすい
のは、そのためです。

　さらに、普段とは違った言い方で話す状況も同様です。相
手にわかりやすいように、あるいははっきり言ってやるため
に、あるいはその他の理由で、1 音ずつ言う場合、普段とは
違う言い方になるので、［自分はことばを発話中。ああ、こ
とばが終わる］という意識を持ちやすくなります。「違う違
う。もう 1 回言うよ。ア、ベ、ノ、ハ、ル、カ、ス」の
「ス」、「できませんと言ったらできません。でーきーなー
い！」の「い」、恋人の耳元でささやく「ダ、イ、ス、キ」
の「キ」が跳躍的に高くなるのはこのためです。

　たとえば「それでぇ、サツがぁ、来てぇ、〜」のように、
発話をこま切れにして、1 部分ずつ述べていく状況も同じで
す。「それでサツが来て」と、全体を一息にスラッとは言わ
ない（あるいは言えない）話し手は、全体を見ず、こま切れ
になった部分「それで」「サツが」「来て」を言うことに集
中します。それで、それぞれのこま切れ部分の終わりでは、
そのこま切れ部分の発話の終了が意識され、「で」や「が」
「て」が跳躍的上昇で発せられます。その後、まだ文の途中
であるため、後続発話に備えて音調が下降調で低く戻されれ
ば、「でぇ」「がぁ」「てぇ」となります。それが「それ
でぇ、サツがぁ、来てぇ、」です。「それでよぉ、サツが
よぉ、来てよぉ、〜」のように、こま切れ部分の終わりが終

64

助詞の場合も同様です。こま切れ部分の発話終了意識によって、終助詞が跳躍的上昇で発せられ、その後、後続発話に備えて下降調が続くことになります。

✢ 8　強いきもちと下降

　こま切れ発話のうち、最後の文末部分には、もはや「後続発話」がないので、跳躍的上昇の後に下降調は現れないと、読者は予想するかもしれません。たしかに、そう思えるフシもあります。が、それはあくまで、強いきもちが現れない発話の場合です。

　実は、跳躍的上昇に下降調が続くパターンとしては、「文の途中」の他に、もう１つ別のパターンがあります。それは、「強いきもちの発話」というパターンです。

　たとえば、憤懣やるかたないといった調子で「もう、腹が立つぅ！」と言う場合、最終の「立つぅ」の部分の音調は、「立（た）」が低い音、「つ」が高い音、「ぅ」が低い音となるでしょう。つまり跳躍的上昇（「つ」の高音調）の後、下降します（「ぅ」の低音調）。怒気を含んだ「やめてよ！」も、「やめて」の「め」よりも高く、跳躍的上昇で「て」と発した後で、「よ」を低く、つまり跳躍的上昇プラス下降で発せられます。手下たちに「ものども、行けぃ！」と号令をかける武将の「行けぃ！」も「行（い）」が低い音、「け」が（もともとのアクセントに加えて）跳躍的上昇で高い音、そして最後の「ぃ」が下降して低い音になります。懸命に制止する「やめろぉ！」も、「や」を低く、「め」を高く、そして「ろ」を「め」よりも高く跳躍的上昇で発した後、「ぉ」

は低く下降して発せられます。「わかったよぉ」「あやまるよぉ」「ゆるしてよぉ」のような、文末の「よぉ」も跳躍的上昇と下降で発せられます。子供っぽい口調と言えばわかりやすいでしょうか。

　第3節で取り上げたように、文の途中で、跳躍的上昇と下降で「よぉ」と言うのは、品の良くない男の語り口ですから（「サツがよぉ、来てよぉ、〜」）、「よぉ」の話し手像（発話キャラ）は、文の途中と文末で、大きく異なっているということになります。これは、文の途中と文末が同一視できないということでもあります。（もっとも、「よ」「さ」「ね」「な」そして「ぞ」「か」「っけ」のように、多くの終助詞はその違いを乗り越えて、文末だけでなく文の途中にも現れるので、終助詞と間投助詞の区別は絶対的なものではないと私は言っているのですが。）

　なお、念のために言えば、発話は、長く伸ばされれば必ず自然に音調が下降するというわけではありません。なぜなら、たとえば松本駅に到着した列車の車内アナウンス「まつもとー」は長く伸びていますが、アクセントどおり、「ま」は低く、「つ」「も」「とー」は高く発せられ、音調は末尾で下降しないからです。とりたてて何のきもちもなく、単に松本駅の駅名を呼び上げても、発話の音調は下降しません。

　これが「まつもとぉ」と、跳躍的上昇プラス下降で発話されるとしたら、それは松本氏に対する呼びかけの発話です。呼びかけは、相手にストレートに向かう、本来的に強いきもちの現れなので、特に強い口調でなくても、松本氏に対する呼びかけでありさえすれば下降は可能です。同じく、跳躍的

上昇プラス下降の「君ぃ」、つまり「き」を低く、「み」を
（アクセントに加えて）跳躍的上昇で高く、さらに「ぃ」を
低く言う言い方も、相手への呼びかけです。呼びかけという
強いきもちがなければ、「きみ」の音調は下降しません。

♆ 9　名詞 1 語発話は文発話か？

　第 1 節から第 6 節にわたって述べたことは、文の途中に
現れる終助詞の音調は、跳躍的上昇に続く場合や、そもそも
疑問を意味する「か」「っけ」の場合を別とすれば、下降し
ないということです。そしていま、第 8 節では、名詞 1 語
発話の音調について、末尾で下降するのは、呼びかけの場合
のみだと述べました。これらのことをごく大雑把に考え合わ
せると、名詞 1 語発話は呼びかけの場合には、文発話なの
ではないか、と思えてくるかもしれません。

　実際のところ、そういう研究者もいます。呼びかけのこと
ばについて国語学者の大岩正仲は、文と呼ばなければならな
いと誰でも感じるもの、と述べています（大岩 1949）。呼
びかけに限らず、名詞 1 語発話全般を文発話と認めるかど
うかは、肯定説と否定説があり、争点になっています。

　私自身は、呼びかけの名詞 1 語を文と呼ばなければなら
ないとは感じません。そう呼んでも、先が見えてこないから
です。むしろ、名詞 1 語発話を文発話でないと考える方が、
現象の整理はつくと考えています。根拠を挙げてみましょ
う。

　一般に「文」として認められているものの中には、「下位
者が上位者に対して」「相手の発話を受けず自ら」「特に強

いきもちもなしに」発することができるものがあります。たとえば、部下が出勤時に「今日はよろしくお願いします」、作業中に「そこ、段差あります」、退出時に「お先に失礼します」と、相手の発話を受けず自ら、特に強いきもちもなしに上司に言っても、おかしくはないでしょう。

　もちろん、同じようにはいかない文も少なくありません。わかりやすい例を挙げると、たとえば［ぞんざいな文なので、下位者から上位者に対して発しにくい］、［「はい、そうです」のような応答文なので、相手の発話を受けなければ発せられない］、［「くたばりやがれ！」のような呪詛の文なので、強いきもちがなければおかしい］といった具合で、同じようにいきません。それが発話一般の姿です。むしろ先の挨拶や段差の例の方が特殊なケースと言えるでしょう。しかし、そういう特殊な場合には、文は下位者が上位者に対して」「相手の発話を受けず自ら」「特に強いきもちもなしに」発することができる。文とはそういう言い方です。

　これに対して、名詞１語の発話は、基本的に、権力・会話・きもちのいずれかのサポートを要します。つまり、上位者から下位者に向かっての発話であるか（権力のサポートあり）、相手からの発話を受けた発話であるか（会話のサポートあり）、強いきもちでの発話であるか（きもちのサポートあり）、この少なくとも１つに該当しなければならないというのが基本です。配偶者に対して「飯」や「風呂」と名詞１語を発話すれば事足りるとされるのは、亭主関白と呼ばれる伝説的な権力の持ち主です。また、まず先に上位者が「沖縄に行ってきたよ」と第１発話をおこない、聞き手がそれを

受けて「沖縄」となぞる第 2 発話なら、下位者でも何ら問
題がありません。さらに、下位者でも、ねずみを見つけて驚
愕・恐怖のあまり、上位者たちの前で「ねずみ！」と叫ぶこ
とは（無作法か否かは別として）不自然ではありません。

　しかし、下位者から上位者に向かって（つまり権力のサ
ポートなしで）、第 1 発話で（つまり会話のサポートなし
で）、特に強い気持ちがない（つまりきもちのサポートなし
の）発話は、基本的にありません。「上位」「下位」につい
ては、慣れや親しさの中で関係がぼやけてしまわないよう、
たとえば一流ホテルのホテルマンとお客を想定してみましょ
う。ホテルマンがお客に向かっていきなり「お泊まり？」
「お 1 人様？」「お車？」などと言うか、ということです。
丁寧の接頭辞「お」を付けても、ホテルマンがお客に名詞 1
語の形で発話できないのであれば、名詞 1 語発話は（この
場合は権力の）サポートを必要とする、ということになりま
す。

　以上のように、発話がどのようなサポートを要するかとい
う観点からすれば、名詞 1 語発話は、「文」の発話として広
く認められているものとは基本的に異なっています。名詞 1
語発話を「文」に含めてしまうと、この異なり具合が見えな
くなってしまわないかと、私は気にしています。

　もっとも、列車の車掌の車内アナウンス「松本ー」や、移
動販売の業者の売り声「焼き芋ー」のような名詞 1 語発話
は、権力・会話・きもちのサポートを受けていないではない
か、と言われるかもしれません。たしかにその通りです。し
かし、これらのアナウンスや売り声は 1 対多の発話、それ

も「多」が知り合いではなく不特定多数（乗客・付近の住民）であるという、かなり異質な発話です。これらは例外的なものと考えてもよいのではないでしょうか。

━ 文献 ━
大岩正仲　1949　「文の定義」『国語学』第 3 輯、pp.310-332.
藤原与一　1994　『文法学』東京：武蔵野書院

━ 読書案内 ━
沖裕子　2006　『日本語談話論』大阪：和泉書院
　名詞 1 語発話を文発話と認めない考えが展開されています。
定延利之　2019　『文節の文法』東京：大修館書店
　私のポジションペーパーのようなもので、「文」についての考えも
　述べられています。
仁田義雄　2016　『文と事態類型を中心に』東京：くろしお出版
　名詞 1 語発話に限らず、発話の単位をすべて「文」と認める国語
　学と日本語学の伝統的な考えが述べられています。
『日本語学』第 15 巻第 9 号「特集――文とは何か」東京：明治書
　院、1996
　文に関するさまざまな学説を知ることができます。

5 章 きもちの文法

　日本語には、「きもちを表せば発話が自然になる」という現象が見られます。私はそれを「きもちの文法」と呼んできました。ここでもそう呼んでおくことにします。

　「きもち」という、およそ科学的な響きのない和語を、読者の皆さんはさぞ、あやしく感じられていることでしょう。それは無理もないことです。というのも、物心ついて以来、皆さんがこれまでずっと研鑽を積まれてきた「勉強」の世界に、こんな身近なことばがキーワードとして登場してきたことは1度もないからです。（そう言えば第1章で「面白さ」を取り上げた際にも似たことを述べました。）

　しかし、「きもちの文法」は何らあやしいものではありません。このあとに挙げる実例を見ていただければ、日本語母語話者ならば「ああ、そういうことか」と、すぐ思い当たってもらえると思います。ただ、この「きもち」の実体を突き詰めることが、現時点では容易ではありません。これが心理学で言う「感情」や「情動」、音声科学で言う「感情音声」の「感情」や「態度」、文法研究で言う「ムード」や「陳述」、語用論で言う「表出性」とどう重なり、どうずれるのかをきちんと見極めるのは至難の業です。それを今後の課題として棚上げし、従来の諸概念ととりあえず区別しておくた

71

めに、「きもち」と呼んでいると理解していただければ幸い
です。(平仮名で表記しているのは、せめて名前だけでも簡
単なものにしておきたいからです。)

⚘ 1 きもちの文法とは？

　たとえば「あの人って、話、長くない？」などと訊かれ
て、「だ」と答えるのは、かなり不自然でしょう。ところ
が、同じ文脈で「だな」「だね」「だよな」「だよね」などと
答えるのは完全に自然です。つまり「な」「ね」「よな」「よ
ね」できもちが表されれば発話は自然、そうでなければ不自
然ということです。きもちの文法とは、たったこれだけのこ
とです。

　「だ」について見たことは、「です」や「か」についても
観察できます。「あの人って、話、長くない？」と訊かれ
て、「です」とだけ答えるのは、「だ」よりはマシかもしれ
ませんが、それでも「ですね」や「ですよね」の方がずっと
自然です。そして、「か」と答えるよりも「かな」「かねぇ」
などと答える方がずっと自然です。これもきもちの文法で
す。

　きもちの文法は、イントネーションの形状にも関わりま
す。例を挙げてみましょう。

　これまで得意げに吹聴していた自説は、実は間違いであっ
た。そのことはいまや、白日の下にさらされている。だが皆
の手前、簡単には屈服したくない——このような状況下で、
話し手が虚勢を張って言う発話「だろう。わかってたよ」を
考えてみましょう。この「だろう」は、下降調イントネー

ションでは、つまり「だ」が低く、「ろ」が高く、そして
「う」が低い言い方では、あまり自然ではありません。直後
に終助詞「ねぇ」を付けた「だろうねぇ」の方がはるかに自
然です。しかし、終助詞「ねぇ」を付けなくても、この「だ
ろう」を自然にするやり方があります。それは、「だろう」
のイントネーションを、上昇調、つまり「だ」を低く、
「ろ」を高く、「う」をもっと高い音調で発して、「だろう？
わかってたよ」のように言うやり方です。このように「だろ
う」発話は、終助詞を付けることだけでなく、イントネー
ションを下降調から上昇調に変えることでも自然になりま
す。

　なぜでしょう？　終助詞をつけることと、イントネーショ
ンを下降調から上昇調に変えることに、どのような共通点が
あるのでしょう？

　答は「きもち」以外にないでしょう。「終助詞が付いてい
ないよりも、付いている方が、きもちが現れている」「イン
トネーションが下降調であるよりも上昇調である方が、きも
ちが現れている」という、きもちの現れの程度差というもの
が確かに存在しており、日本語の発話の自然さは、これに影
響され得るということです。

　「いや。発話に終助詞が付いていなくても、それはそれ
で、話し手のきもちの現れではないのか」と思われた読者の
方もいらっしゃるかもしれません。「上昇調イントネーショ
ンが相手に問いかける話し手の疑問のきもちを表すのと同様
に、下降調イントネーションも、相手に教え伝えるなど、話
し手の平叙のきもちを表す」と言われることもあります。

たしかに、そういう理屈もあるでしょう。しかし、日本語の発話の自然さに影響するきもちは、そういうものではないようです。ここで重要なのは、きもちの「現れ」です。断言調で「だ！」と言えば、強いきもちが感じ取れるかもしれませんが、きもちの「現れ」はさほどではありません。終助詞の「な」「ね」などを付けたり、下降調を上昇調にしたりすれば、現れているきもちは、決然とした強いものから、もっと弱いものになるでしょうが、きもちが現れている度合いは増します。その、「きもちが現れている度合い」こそが大事ということです。相手からの問いかけに、「だ」「です」「か」と返答することが不自然なのは、現れるきもちが乏しいからです。病気にたとえれば、これらの返答発話は「きもち欠乏症」に罹っていて、きもちを補給してやることで症状が改善すると言うことができるでしょう。

　きもちの文法という、これまでの言語研究で想定されていなかったことばの原理について、私たちは深く考えてみなければならないでしょう。

❧ 2　きもちの文法は万能薬ではなく試験紙である

　断っておきたいのは、きもちの文法は万病に効く万能薬ではない、ということです。終助詞を付けたりイントネーションを上げたりして、きもちの露出を増やしさえすれば、どんな不自然な発話でも自然になるというわけではありません。たとえば、「私は学生です」と言うべきところで「ですは彼人外国」と言ってしまうような重症の不自然さは、これに終助詞をどう加え、イントネーションをどう調整しても改善で

きません。きもちの補給で症状が改善するのは、「意味はわかるけど、ちょっとすわりが悪い」と感じるような、軽症の発話に限られています。

　しかし、だからといって、きもちの文法は大したものでないと考えるのは早計です。きもちの文法を試験紙のように使うことで、日常生活の中でこれまで見過ごされてきた、すわりの悪い発話に光を当て、「文法規則」を見直すことができるからです。具体的な例を見てみましょう。

　先に挙げた「だ」「です」「か」だけの発話は、なぜ「ちょっとすわりが悪い」のでしょうか？　それは、これらの発話が、「だ」「です」のような断定の語（これを「判定詞」と言います）や助詞「か」だけでできていて、名詞や動詞、形容詞といった自立語がないからでしょう。伝統的な日本語の文法研究では、「発話とは文を発することだ」と考えられ、「文には自立語が必要だ」と考えられてきました。つまり「発話には自立語が必要」という文法規則が認められてきました。「だ」「です」「か」という発話が不自然なのは、この規則に違反しているからと考えることができます。しかし、自立語がないという点では「だね」「ですよね」「かなぁ」なども同じなのに、これらはきもちの補給により、自然な発話になりおおせています。

　このことから、2つのことがわかります。1つ目は、これまで考えられてきた「発話には自立語が必要」という文法規則は、実は絶対的なものではなく、きもちの補給のような手段をとれば、違反可能なものだ、ということです。2つ目は、これまでの文法研究も捨てたものではなく、そこで開拓

されてきた文法規則「発話には自立語が必要」は、（絶対的なものではないけれども）それなりに有効なものだった、ということです。「だ」「です」「か」発話がそのままでは不自然で、きもちの補給が必要なのは、まさにそのためです。

　きもちの文法を利用することによって、取り出し、相対化できる「文法規則」はまだあります。さらに具体例を見てみましょう。

♉ 3　「だ」と「です」

　たとえば、明日は雨が降ると人に教える場合、「明日は雨だ」「明日は雨です」とは言っても、「明日は雨だです」とは言わないでしょう。「明日は雨だです」は、述部に判定詞「だ」「です」が両方とも現れているから不自然と考えられます。ここでは、「文の述部に判定詞は最大１つ」という文法規則は、絶対的なものに見えるかもしれません。

　ところが、「だ」と「です」の間に「た」を入れて、「雨だったです」にすると、不自然さはぐっと軽減されます。インターネットにも、「〜だったです」は正しいのかどうかと論議するページがいろいろとあるように、不自然さが「ちょっとすわりが悪い」という程度に収まります。ここにきもちを補給して、「一昨日はたしか、雨だったですよね？」などにすると、自然さはさらに高まります。「文の述語に判定詞は最大１つ」という文法規則は、有効なものではあるけれども、絶対的なものではなく、きもちの補給などによって違反が可能ということがわかるでしょう。

✙ 4　新たな話題を持ち出すということ

　「ちょっとすわりが悪い」という発話の中には、ことばと
ことばとの組み合わせが悪いのではなく、ことばと場面との
組み合わせが悪いというものもあります。これまでの研究の
中から、具体例を見てみましょう。

　ことばの自然さにきもちの現れが関与することを指摘した
研究は、考えようによってはこれまでにもあります。蓮沼昭
子氏と井上優氏は、切符を落としたまま気づかない相手に向
かっての発話として、「もしもし切符を落とされました」が
すわりが悪く、終助詞「よ」を加えた「もしもし切符を落と
されましたよ」の方が自然であることを指摘しています（蓮
沼 1996・井上 1997）。両氏の研究は終助詞「よ」の意
味に焦点を絞ったものですが、これはまさしくきもちの文法
を指摘したものだと私は考えています。

　では、「もしもし切符を落とされました」は、なぜすわり
が悪いのでしょうか？

　それは、この発話が新たな話を持ち出す発話だからです。
ことばと場面との組み合わせの文法の一種に、ポール・グラ
イス（H. Paul Grice）という言語哲学者が指摘したものが
あります（Grice 1975）。この文法は「関連性の公理」と
呼ばれています。難しそうな名前ですが、内実は「人間は、
それまでの文脈と関連のないことを言ってはならない」とい
うことに尽きます。この関連性の公理を持ち出して考えてみ
ると、見知らぬ相手にいきなり、あるいは、話の途中で唐突
に、相手が切符を落としたことを指摘するような「新たな話
を持ち出す」発話は、関連性の公理に対する違反と考えるこ

とができます。違反といっても、新たな話を持ち出すというのは誰しも日常よくやることですし、一瞬相手が戸惑うだけのことですが、とにかく違反ではあります。それできもちの現れが必要なのに、見当たらないので、すわりが悪いのでしょう。

　こう考えれば、蓮沼氏・井上氏が取り上げている終助詞「よ」だけでなく、終助詞「ね」の必要性もうまく理解できるようになります。たとえば、上司と雑談をしている社員が唐突に「今朝、○○で地震がありました」と言う、などということは、自然ではないでしょう。これはアナウンサーがニュースを告げる言い方ではありますが、私たちの日常会話では不自然です。それよりも、「ね」や「よね」を加えて「今朝、○○で地震がありましたね」「今朝、○○で地震がありましたよね」と言う方が、ずっと自然でしょう。

✦5　声に出して読めない日本語

　次に、一般に広く知られた斎藤孝氏の『声に出して読みたい日本語』（草思社、2001）をもじって私が「声に出して言えない日本語」と呼ぶものを取り上げてみましょう。たとえば、「「より速く、より安全に」が運送の基本です」と日常生活の中で言うことは、ひょっとしたらあるかもしれません。しかし、「より速く、より安全に。それが運送の基本です」と言うのはどうでしょうか？　こんな言い方は、日常の話しことばではありません。せいぜい運送会社の宣伝のコピーか、社長の訓示でしか見聞きしないでしょう。日常生活の中であえてこのような作り物の話し方をすれば、芝居が

かって、わざとらしい、こっぱずかしいものに響いてしまいます。「声に出して言えない」とは、このことです。

　類例を挙げます。事故の原因を調べた調査員が、上司に向かって「事故の原因はタイヤの摩耗です」と言っても、別段おかしくはないでしょう。しかし、「事故の原因。それはタイヤの摩耗です」と言ったら、おいおいお前は俳優か、これはタイヤ会社の CM かという話になります。また、「3日目にとうとう連絡が来た」と言う代わりに、「3日目。とうとう連絡が来た」と言えば、日常の言い方ではなく、ナレーションや日記の読み上げのような書きことばになるでしょう。これらも、「もしもし切符を落とされました」や「今朝、九州で地震がありました」と同じ性質を持っています。

　それぞれ、「より速く、より安全に」「事故の原因」「3日目」を新しい話題として導入しているくせに、きもちの現れがないので、不自然だということです。（といっても、これらの場合、不自然さを解消するような適当な終助詞やイントネーションはありませんが。）

　もちろん、たとえば「事故の原因を教えてくれないか」と要請された話し手が、相手のことばをなぞって「事故の原因」とまず言い、次いで「それはタイヤの摩耗です」と教えるなら、「事故の原因。それはタイヤの摩耗です」はあり得るでしょう。しかし、その場合は、「事故の原因」は先に相手によって導入されています。ここで問題にしているのはあくまで、新しい話題を自ら導入する場合、つまり「関連性の公理」に違反している場合だということに注意してください。

☙ 6　条件文の発話の謎

　結局のところ蓮沼昭子氏や井上優氏の研究は、関連性の公理違反で不自然なはずの発話が、終助詞「よ」が付き、きもちが現れることで自然になることを示したものだと、私は考えています。

　従来の文法研究の中には、蓮沼氏や井上氏とは違う形で、きもちの文法を指摘しているものもあります。それは、条件文の研究です。三宅知宏氏は「お腹がすいているんだったら、冷蔵庫にプリンがある」という言い方は不自然だけれども、終助詞「よ」の付いた「お腹がすいているんだったら、冷蔵庫にプリンがあるよ」は自然と述べています（三宅 2010）。庵功雄氏も、「あの時私が助け（てい）なければ、彼は死んだ」は不自然だが、終助詞「ね」を付けて「あの時私が助け（てい）なければ、彼は死んだね」は自然と述べています（庵 2013）。これらもきもちの文法を指摘したものと考えることができます。

　三宅氏の考察対象は「疑似条件文」と呼ばれる特殊な条件文です。これが特殊だというのは、空腹であってもなくても冷蔵庫にはプリンがある、つまり条件が満たされても満たされなくても帰結が成り立つからです。また、庵氏の考察対象も、「反事実条件文」と呼ばれる、やはり特殊な条件文です。話し手が彼を助けたという現実がまずあって、その現実に反する仮定、つまり満たされないとわかっている条件を話し手はあえて持ちだしている点が特殊です。

　実は、終助詞が必要なのは、これらの特殊な条件文の発話に限ったことではありません。もっと一般的な、普通の条件

文の発話にも、きもちの文法は観察できます。たとえば、ピクニックを翌日に控えた話し手が自室でつぶやく独り言を考えてみると、「明日晴れてくれればうれしい」はどうもすわりが悪い。これに「なぁ」を付けた「明日晴れてくれればうれしいなぁ」の方がずっと自然でしょう。

　といっても、すべての条件文の発話に終助詞が必要というわけではありません。たとえば、「おまえは、明日晴れてくれればうれしいのか？」と相手に訊かれて答える場合は、終助詞は特に必要ではありません。終助詞「よ」を付けて「うん、明日晴れてくれればうれしいよ」と言っても自然ですが、終助詞を付けずに「うん。明日晴れてくれればうれしい」と言っても自然です。条件文の発話に終助詞が必要なのは、相手からの質問を受けて答える場合ではなく、自分から話を切り出す場合です。

　しかし、関連性の公理ですべてが説明できるというわけでもなさそうです。というのは、「お腹がすいてるんだったら、冷蔵庫にプリンがある」には「よ」が必要という三宅氏の指摘は、これが「朝から何も食べてないよ」という相手の話を受けての発話（つまり先行文脈と関連する発話）だとしても、やはり成り立つからです。では、なぜ多くの条件文の発話に終助詞が必要なのでしょうか？

　発話の基本はいま・ここ・現実を語ることだという、「現場性の原則」とでも言えそうなものを考える必要があるのではないかと私は考えています。

　発話の基本は、「もしこうなったら〜」と仮定された想像世界についてではなく、いま、ここにある現実について語る

ことだ、ということです。これを認めれば、多くの条件文の発話が終助詞を必要とするのは、そもそも条件文の発話がこの原則に違反しているから、きもちの補給が必要なのだと考えることができます。条件文が事態の非現実性と関係していることは、文法史の研究（高山 2021: 209）でも論じられているとおりです。

　条件文から離れても、同じことは観察できます。たとえば、スワンラータンという中華料理の辛さを語る状況を、2つ考えてみましょう。

　第 1 の状況は、いま、ここにある辛さを語る状況です。話し手は友人と本格的な中華料理店に来ています。2 人ともスワンラータンを食べたことがなく、話し手が注文して試してみることになりました。やがて店員さんが運んできたスワンラータンを、話し手は 1 口食べます。「どう？」と訊ねた友人に答えるなら、「からいー！」でも「からいよー！」でも自然です。つまり、終助詞「よ」は特に必要ありません。

　第 2 の状況は、あの時、あそこにあった辛さ、つまりいま、ここにはない辛さを語る状況です。たまたまスワンラータンの話になり、食べたことがない友人から「どんな味？」と訊ねられ、昔、スワンラータンを試した経験を思い出して答える場合、「からいー！」はすわりが悪く、終助詞「よ」の付いた「からいよー！」だけが自然です。これは、終助詞「よ」が必須だということです。

　これら 2 つの状況を比べると、いま、ここから外れた発話には、きもちの補給が必要なことが多いということがわかるでしょう。

　実は、いま紹介した「現場性の原理」は、言語学の伝統的な考えに、真っ向から反しています。このことは、次の第 6 章で改めて述べることにしましょう。

── 文献 ──────────────────────
庵功雄　2013　「現代日本語における「ムード（接続法）」を表す表現に関する研究（その 1）」関東日本語談話会 2013 年 1 月 26 日発表資料
井上優　1997　「「もしもし、切符を落とされましたよ」─終助詞「よ」を使うことの意味」『言語』第 26 巻第 2 号、pp.62-67.
高山善行　2021　『日本語文法史の視界』東京：ひつじ書房
蓮沼昭子　1996　「終助詞「よ」の談話機能」上田功・砂川有里子・高見健一・野田尚史・蓮沼昭子（編）『言語探求の領域─小泉保博士古稀記念論文集』pp.383-395, 東京：大学書林
三宅知宏　2010　「日本語の疑似条件文と終助詞」（招待発表）、日本語文法学会第 11 回大会 2010 年 11 月 7 日発表資料（『日本語文法学会第 11 回大会発表予稿集』所収）
Grice, H. Paul. 1975. "Logic and conversation." In Peter Cole and Jerry L. Morgan (eds.), *Syntax and Semantics, vol. 3, Speech Acts*, pp.41-58. New York: Academic Press.

── 読書案内 ──────────────────────
定延利之　2019　『文節の文法』東京：大修館書店
「きもちの文法」を解説している、現時点で唯一の本です。

6章　場面性と脱場面性

　たとえば、「リンゴ」と言えるのは、目の前にあるリンゴだけではありません。以前に見かけたリンゴ、今度買うかもしれないリンゴ、白雪姫が食べたリンゴ、すべて「リンゴ」と言うことができます。このように「いま・ここ」という特定の場面に限られないという言語の特質を、チャールズ・ホケット（Charles F. Hockett 1960）は「脱場面性」（displacement）と呼んでいます（Hockett 1960）。言語は脱場面的なものだというのが、言語学の伝統的な考えです。

　なるほど、言語に脱場面的な面があることは確かです。しかし発話の基本は、いま、ここにある現実について語ること、というのが私の考えです（定延 2019）。第 5 章「きもちの文法」とは別の形で、この考えの根拠を示してみましょう。

☙ 1　語彙と文法

　初めに断っておきたいのは、私は脱場面性を全面的に否定するわけではない、ということです。人間の言語に脱場面的な面があることは、認めておくべきでしょう。特に語彙には脱場面性がよく現れています。というのは、ほとんどの語は

場面次第ではない、自立した意味を持っているからです。現代日本語（共通語）の圏内であれば、たとえば「リンゴ」と言えば、いつ、どこで、誰が誰に、どんな場面でしゃべるにしても、バラ科の落葉高木もしくはその果実という意味がちゃんと表されます。

　もちろん、いま「バラ科の落葉高木もしくはその果実」と書いた意味は、本当に場面を問わず完全に不動かと、疑うことはできます。たとえば「遺伝子操作で、リンゴの木が落葉樹から常緑樹に変わったら、葉に養分をとられて、リンゴは甘くなくなるのでは？」といった仮定の話をする場合、話に出てくる「リンゴ」という語の意味は、もはや「落葉高木」のままではないのではと、疑うことはできます。しかし、このような場面ごとに揺れ動く意味は一部にとどまり、「リンゴ」の意味の大部分は基本的に安定しています。

　語彙の中には、発話の場面によって意味内容を大きく変える、場面性の高い語もあります。「今日」「さっき」「ここ」「わたし」「あなた」のような語がそれに当たります。たとえば「今日」という語は、1 月 1 日という場面で言えば 1 月 1 日を、1 月 2 日という場面で言えば 1 月 2 日を指すように、場面によって意味内容が変わるので場面性が高い語です。同様に、「さっき」という語は、発話時点の少し前を意味するので、発話時点が変われば「さっき」の内容も変わります。「ここ」は東京で言えば東京、大阪で言えば大阪です。「わたし」「あなた」も、誰が誰に向けて発話するかという場面次第で内容が変わります。これらは皆、場面性が高い語です。しかしながら、語彙全体の中では、これらの語は

ごく一部でしかありません。語彙の大多数は「リンゴ」のように、意味内容が安定しており、脱場面的です。

　安定しているということは、すばらしいことです。もしも「リンゴ」の意味が、発話の日時や場所、会話相手や文脈次第で根本的に変わるなら、「リンゴ」という語は難しすぎて、誰も使えなくなってしまうでしょう。脱場面性は、言語を成立させている要因の 1 つと言っても過言ではありません。

　脱場面性を認めた上で、私が言語の場面性をも認めようとするのは、私が語だけでなく、文法（語どうしが組み合わされる規則性）にも目を向けるからです。実は文法には、いま、ここ、現実への感度が高く、場面的な面があります。以下、このことを示す 4 つの現象を紹介しましょう。

♆ 2　心内表現における自己／他者の区別

　第 1 の現象は、心内表現に関して、自己と他者が区別されるという現象に関わっています。説明の便宜上、まず、自己と他者が区別されない例を見てみましょう。たとえば、自己の嗜好は「私は甘いものが好きだ」と言えますし、他者（田中氏）の嗜好は「田中さんは甘いものが好きだ」と言えます。「〜は甘いものが好きだ」という 1 つの言い方（文型）に、自己の場合は「私」をはめ込み、他者の場合は「田中さん」をはめ込んでいるだけです。自己と他者が区別されないとは、こういうことを指します。

　自分が甘いものが好きなことは、よくわかっています。よくわかっているから「甘いものが好きだ」と言い切るので

しょう。では、田中さんについてはどうでしょう？　もちろん、よくわかっているから「甘いものが好きだ」と言うのでしょう。ですが、その「よくわかっている」とは、本当によくわかっているのでしょうか？

　田中さんはかねがね「甘いものには目がありません」と言っていた。先日も大福を４つも、「おいしい、おいしい」と言いながら目の前で一気にたいらげた。しかし、これらは「状況証拠」でしかない。これらが全部、実は田中さんの芝居に過ぎないという可能性は否定できない。それなのに「よくわかっている」つもりになって「田中さんは甘いものが好きだ」と言い切っているだけなのではないでしょうか？

　嗜好と同じことは、能力、特に無能力についても言えます。たとえば「私は鉄棒の逆上がりができません」「田中さんは鉄棒の逆上がりができません」という具合に、無能力ということを表現する場合、日本語では自己と他者の表現文型が一致します。田中さんは私の前では逆上がりができないフリをしているだけかもしれないのに、私たち日本語の話し手は、その可能性に目をつぶり、わかっているつもりになって話すことに慣れています。

　他者の心はのぞき見ることができず、外面を見て判断せざるを得ません。これは古今東西を問わず成り立つ普遍的な真理です。しかし、人間はこの普遍的真理にとことん付き合っているわけではありません。付き合っていられない、と言う方が正確かもしれません。そんなことをいつも意識していたら、病気になってしまうでしょう。たとえば日本語社会では、いま示したように、人の好みや能力といった、そうコロ

コロ変わらず、したがって外部からの観察が長期にわたってできるものについては、他者の心もわかる、ということになっています。それが言い方つまり言語に反映されます。そしてまた、その言語になじむことによって、そのやり方が人々の中で固まります。

「他者の心はわからない」という普遍的真理にどこまで付き合い、どこから付き合わないかは、個別言語社会ごとにずれています。たとえば英語では、"I am happy" だけでなく、"He is happy" も一応自然です。ところが日本語ではそうはいきません。「こんなにしてもらって、私もうれしいよ」は自然ですが、「こんなにしてもらって、弟もうれしいよ」は不自然です。自己と違って、他者については、「こんなにしてもらって、弟もうれしがっているよ」などと、「がる」と「ている」を加えて表現する必要があります。

かといって、英語と日本語が全く違っているわけでもありません。英語にも、自己と他者で表現を区別する場合はあります。たとえば故・寺村秀夫氏が指摘していたのは、"It seems to me that you are crazy"(どうも私には、あなたはおかしく思える)と違って、"It seems to Pete that you are crazy"(どうもピートには、あなたはおかしく思える)は不自然だということです(寺村1982)。この点は、英語が日本語と似ている点と言えるでしょう。日本語なら「ピートには、あなたはおかしく見えている」などと、「どうも」を削って、「見えている」などと「ている」の形で言う必要があります。

♁ 3 「ている」と自己／他者

　他者の心内表現に、「ている」を加える例が続きました。ここで、「ている」についても触れておきましょう。

　「ている」とは何か？「ている」とは、「観察すればこのようなデキゴト情報がある」という意味のことばです。

　たとえば、数学（ユークリッド幾何学）の公理は、「2 本の平行線というものは、どこまで行っても交わらない」と言い表せます。これに「ている」を加えて、「2 本の平行線というものは、どこまで行っても交わっていない」と言うのは不自然です。なぜか？　2 本の平行線とは具体的に観察できない抽象的な存在であり、これを「観察してみれば」どこにも交点がないというのは、おかしな話だからです。

　またたとえば、舞台に現れたマジシャンのセリフを考えてみましょう。マジシャンが、観客の 1 人を舞台に上げて大きな箱の中に入れ、上からフタをしたとします。この場合は、観客に向かって「さあ、いま、この箱にフタをしました。これで箱の中は真っ暗で」に続けて、「何も見えません」と言ってもいいし、「何も見えていません」と言ってもいいでしょう。しかし、マジシャンが、舞台上で大きな板を組み合わせて中空の箱を作り、上にフタをした、箱の中には誰も入っていないという場合は、「さあ、いま、この箱にフタをしました。これで箱の中は真っ暗で」に続けて、「何も見えません」と言うのは自然ですが、「何も見えていません」は不自然です。観察される対象、つまり箱の内部で「何も見えない」と感じる者がそもそも存在しなければ、「ている」の意味（「観察すれば～」）と合わず、発話は不自然に

なるということです。

　自己と他者は、心内の様子を認識する方法が違っています。自分の心内の様子は直接、体感されます。が、他者の心内を直接知ることは原理的に不可能で、外部から観察して推察するしかありません。自己と違って他者の心内表現にしばしば「ている」が必要になるのは、そのためです。

❦ 4　「自己らしさ」の減衰

　前置きが長くなりましたが、ここで紹介したいのは、自己と他者で心内表現の形が違わないという現象です。といっても、すでに見た嗜好（「私／田中さんは甘いものが好きだ」）や無能力（「私／田中さんは鉄棒の逆上がりができない」）のことではありません。これらは、他者の心が自己の心と同じように、わかるものとして扱われる現象でした。ここで紹介する現象は、その逆で、自己の心が他者の心と同じように、わからないものとして扱われる現象です。この現象には、時間が関わります。順を追って観察してみましょう。

　まず、現在の心内表現を見ましょう。

　ひとくちに心内表現といってもいろいろなものがありますが、現在の感情を表現する場合は、上でも触れたように、自己と他者は区別されます。たとえば「私は故郷を恋しく思います」という自己の感情表現の「私」を「彼」に変えれば、それで他者の感情表現ができるかというと、そうはいきません。「彼は故郷を恋しく思います」と言うのは不自然で、「ている」を加えて「彼は故郷を恋しく思っています」のように言う必要があります。

　感情の表現だけでなく、信念の表現についても同様です。現在の自己の信念表現「私はカエルは両生類だと思います」の「私」を「彼」に変えても、他者の信念表現はできません。「彼はカエルは両生類だと思います」というのは、たとえば「私は彼から信頼されていますから、私が丁寧に教えれば、彼は妙な考えを捨てて、カエルは両生類なのだと思うようになります。絶対保証しますよ。5分もしないうちに、彼はカエルは両生類だと思います」というような、他者の未来の動作（信じ込み）の表現にはなるかもしれません。しかし現在の信念の表現にはなりません。現在の彼の信念を表現するにはやはり、「思います」に「ている」を加えて、「彼はカエルは両生類だと思っています」にする必要があります。

　では、今度は過去の心内表現を見てみましょう。

　まず、感情表現です。過去の感情表現は、現在の感情表現と同様で、自己と他者は区別される。自己の感情表現「結婚するまでは、私も故郷を恋しく思いました」の「私」を「彼」に変えても、自然な他者の感情表現にはなりません。「結婚するまでは、彼も故郷を恋しく思いました」と言うのは不自然で、「ている」を加えて「結婚するまでは、彼も故郷を恋しく思っていました」のように言う必要があります。

　ところが、過去の信念の表現については、自己と他者は区別されません。というのは、自己の表現が「ている」を必要とするからです。たとえば、「中学生になるまでは、私はカエルは爬虫類だと思いました」は不自然です。これを自然な言い方にするには、「ている」を加えて、「中学生になるまでは、私はカエルは爬虫類だと思っていました」のように言

う必要があります。これは、他者の言い方と同じです。「中学生になるまでは、彼はカエルは爬虫類だと思いました」が不自然で、「中学生になるまでは、彼はカエルは爬虫類だと思っていました」が自然であるように、他者の信念の表現は「ている」を必要とします。自己の表現が「ている」を必要とするとは、自己が他者扱いされるということです。

　これはどういうことなのか？「自己らしさ」の減衰（げんすい）です。両手を叩いた拍手の音が、すぐに減衰して小さくなり、やがては消えてしまうように、「自己らしさ」も減衰するということです。いま、ここに存在して、ことばを発している自己は非常にリアルです。仮に自己を［感じる自己］と［考える自己］に分けると、両者とも、はっきり自己と認識され、他者とは区別されます。しかし、あの時、あそこに存在していた自己はぼやけています。［感じる自己］はまだしも、［考える自己］は、もはやあまり自己らしくない。「あの時の、あの感情」は、まだ鮮烈に残っているけれど、「あの時の、あの考え」は、そんなこと考えていたっけという、ほぼ他者の考えと同じようになっている。それで「ている」が必要になるのではないでしょうか。

　この考えが正しければ、「自己らしさ」の程度は、発話の現場を基準にして決まります。「いま、ここ」という発話の現場から離れた、過去の話をする場合、話の中に出てくる自己は、自己らしさが減衰しています。減衰は特に信念の表現に現れ、過去の自己の信念の表現には「ている」が必要になります。文法が場面的だというのは、こういうことです。

♇ 5　アニマシーの退色

「自己らしさ」と同じことが、「アニマシー」にも起こり
ます。ここで「アニマシー」（animacy）というのは、モノ
が「生きている」というイメージを持つ程度のことです。い
や、もう少し厳密に、話し手がモノを「生きている」という
イメージで表す程度と言い直しておきます。（ここで言う
「モノ」には人や動物も含まれるということに注意してくだ
さい。）

たとえば、ある 1 人の人物を「人間」と表す場合と、侮
蔑的に「ロボット」と表す場合を比べると、「人間」と表す
場合の方が、「ロボット」と表す場合よりもアニマシーは高
い、と言えばわかってもらえるでしょうか。「人間」と表さ
れても「ロボット」と表されても、その人物は人間です。ア
ニマシーはこういう、モノ自体（その人物）についての概念
ではありません。ことばで表現される、つまりことばで作り
出されるイメージ、たとえば「人間」のイメージや「ロボッ
ト」のイメージについての概念です。

ウィリアム・クロフト（William Croft）が世界の諸言語
を概観した上で、「アニマシーには人称が関わりがち」と
言っているのも（Croft 1990）、アニマシーが世界自体の
概念ではなく、ことばで表される世界の概念であればこそ
です。同じ人物が、1 人称（たとえば「私」）や 2 人称（た
とえば「あなた」）で表現される場合の方が、3 人称（たとえ
ば「彼」）で表現される場合よりもアニマシーが高いという
彼の観察は、アニマシーがモノ（その人物）自体ではなく、
表現されるイメージについての概念だと考えて初めて理解可

能になるでしょう。

　では、１人称や２人称で表現される場合の方が、３人称で表現される場合よりもアニマシーが高いのは、なぜでしょうか？　クロフトは何も語っていませんが、それは１人称や２人称の表現が、３人称の表現よりもリアルだからでしょう。リアルに表現されているモノのアニマシーは高く感じられますが、リアルな感じがしない表現なら、モノのアニマシーは色あせ、退色してしまいます。

　ことばは、話し手が発しなければ存在しません。だから、１人称（いまここで、ことばを発している「私」）はリアルです。また、話し手のことばは多くの場合、ひとりごとではなく、聞き手に向けて発せられています。だから、２人称（いまここで、話を聞いているに違いない「あなた」）もリアルです。これらと違って、３人称はリアルではありません。たとえば「彼」についての話は、いま、ここにいない彼の陰口かもしれませんし、あるいは、故人となって現存しない彼を偲ぶ話なのかもしれません。このように３人称はリアルでないので、アニマシーが退色し、あまり高く感じられません。

　１人称や２人称の方が３人称よりもアニマシーが高いという理屈は、以上のとおりですが、日本語ではなかなかピンと来ないと思います。しかし、それと基本的に同じこと、つまりリアルな感じがしない表現の場合にアニマシーが退色するということは、日本語でも別の現象で確認できます。

　別の現象というのは、存在を表す動詞「いる」と「ある」の自然さ〜不自然さです。現代日本語では基本的に、アニマ

教養検定会議の二つの双書　新刊・既刊

判型はすべて新書判、2021 年から刊行を開始しています

[新刊] *リベラルアーツ言語学双書 3*

「やわらかい文法」

定延利之 著 ／ 3 月 10 日発売 ／ 定価 1500 円＋税

フツーの人たちの「ちょっと面白い話」を 600 話も集めてビデオに取り、字幕を付けてウェブ公開した「ちょっと変わった言語学者」の楽しい文法書 ／ キャラ（状況次第で非意図的に変わる人間の部分、…）／ きもちの文法（きもちを表せば発話が自然になる？）／ 心内表現における自己／他者の区別（自己らしさの減衰、アニマシーの退色…）／ 発話の権利とコミュニケーション（責任者／体験者の特権性…）／ 人々の声（空気すすり、口をとがらせた発話、口をゆがめた発話、…）

[新刊] *リベラルアーツコトバ双書 6*

「ウクライナ・ロシアの源流 ―スラヴ語の世界―」

渡部直也 著 ／ 4 月 10 日発売 ／ 定価 1500 円＋税

戦争の時代にスラブ語の研究をしている若手著者による貴重な記録。初の単行本。
／ スラヴ諸語とは？／ 中欧・東欧言語紀行（スラヴ諸語の歴史と地理）／ スラヴ語の世界：Я は R じゃない！（文字について）／ キーウとキエフは何が違う？／ 動詞の「顔」と「体」／「ありがとう」を伝えよう／「看護婦」や「女教師」は差別？／ 言語と国家、戦争／ 今ウクライナで起こっていること

ことばに関する幅広いトピックを気軽に読めるシリーズ

★ リベラルアーツコトバ双書 ─────────

1 日本語のふしぎ発見！ ～日常のことばに隠された秘密～

　　岸本秀樹 著 ／ 定価 1000 円＋税

　　内容の理解を深めるイラスト 48 枚を収録

2 言語学者、外の世界へ羽ばたく
　　～ラッパー・声優・歌手とのコラボから
　　プリキュア・ポケモン名の分析まで～

　　川原繁人 著 ／ 定価 1000 円＋税

　　本シリーズのベストセラー

3 中国のことばの森の中で
～武漢・上海・東京で考えた社会言語学～

河崎みゆき 著 / 定価 1500 円＋税

中国社会言語学に関する初の日本語の入門書。中国語が
わからなくても読め、社会言語学の概念や用語、そして
ことばと社会の関係を、関連するエピソードや研究を通
してわかりやすく解説。

4 jsPsych によるオンライン音声実験レシピ

黄竹佑・岸山健・野口大斗 著 / 定価 1500 円＋税

ウェブブラウザを使用したオンライン音声実験の入門書。対面実験が再開さ
れつつあるなかでも、地理的・時間的制約が少なく、コストや効率の面でも
色あせないオンライン実験。魅力的な実験手法をあなたの新たなレパート
リーに。

5 自然言語と人工言語のはざまで
～ことばの研究・教育での言語処理技術の利用～

野口大斗 著 / 定価 1500 円＋税

コンピュータが言語を生成できる時代にことばとどう付き合うべきか？ プ
ログラミング言語（人工言語）とことば（自然言語）のはざまで生きること
を余儀なくされたわたしたちが、AI とひとくくりにして言語処理技術をブ
ラックボックスにしないために。

言語学を本格的に学びたい方へ、わかりやすく解説するシリーズ

★ リベラルアーツ言語学双書 ─────

1 じっとしていない語彙

西山國雄 著 / 定価 1000 円＋税

2 日本語の逸脱文
～枠からはみ出た型破りな文法～

天野みどり 著 / 定価 1000 円＋税

2024 年 3 月現在、近刊『未来の言語学入門』岸山健 著　2024 年 12 月刊

シーが高いモノの存在は「いる」、低いモノの存在は「ある」で表すことになっています。希望者というモノは、希望している者つまり生きている人間ですから、普通に考えればアニマシーは非常に高いでしょう。だからこそ、希望者の存在を「いる」ではなく「ある」で表現して、「いまここに希望者がある」と言うのは不自然です。しかし、同じく希望者の存在を述べていても、これを「いまここ」ではなく、仮定の話として表現した発話「もし希望者があればその数を見て対応を検討します」は、不自然さが軽減されて、より自然になります。これは、仮定の話なので、話の中に出てくる希望者のアニマシーが色あせ退色し、その結果「ある」でもあまり不自然でなくなるということです。

　さらに、仮定と同様のことは、否定にも生じます。たとえば「今朝、山沿いの国道で落石事故があり、巻き込まれたけが人が2人あった」は、けが人（生きている人間）を「ある」で表現しており、不自然さが際立っています。ところが、その人数を0にして、けが人を実在しないモノにしてやると、アニマシーが退色し、その不在を「いない」ではなく「ない」で表現した発話「今朝、山沿いの国道で落石事故があったが、巻き込まれたけが人はなかった」は不自然さがぐっと改善されます。

　結局のところ、「自己らしさ」と同様に「アニマシー」も、その程度は発話の現場を基準にして決まる、ということです。「いま、ここ、現実」という発話の現場から離れた、仮定の話や非現実の話をする場合、話の中に出てくるモノのアニマシーは色あせ退色します。それで「いる」や「ある」

の自然さが変わります。文法が場面的だというのは、こういうことでもあります。

✿ 6　他動性の退色

　モノの「アニマシー」と同じことが、デキゴトの「他動性」にも観察できます。ここで「他動性」（transitivity）というのは、デキゴトが「あるモノ A から別のモノ B への働きかけ」というイメージで捉えられやすい程度のことです。

　現代日本語（共通語）では、他動性が高く、話し手がデキゴトを「モノ A からモノ B への働きかけ」と捉えている場合、モノ B は「～を」という形で表されがちです。たとえば「審判員が選手を注意する」と言えば、審判員からある選手に対して叱責や警告がなされるという、審判員から選手への働きかけと感じられやすいデキゴトが浮かびやすいでしょう。審判員が選手にじっと注目するという、さほど働きかけとは感じられにくいデキゴトは、あまり思い浮かべられません。それは「審判員が選手に注意する」、つまり「選手を」よりも他動性の低い「選手に」の形で言う方が自然に感じられるでしょう。そしてここで注目したいのは、現実でない話の場合、他動性はアニマシーと同様に色あせて退色し、低くなるということです。

　たとえば［飲む］つまり自分の口を経由して体内に取り込むというデキゴトは、生物から液体への強い働きかけと感じられやすいので、このデキゴトの表現は「酒を飲む」のように、「～を」の形になります。ところが、このデキゴトを現

実の話としてではなく、可能性として述べる場合は、「酒を飲める」だけでなく「酒が飲める」も自然になります。リアルな感じがしないので、他動性が退色して低くなり、「〜を」という形が必須ではなくなるということです。

　他動性の退色は、日本語に限った現象ではありません。ポール・ホッパー（Paul J. Hopper）とサンドラ・トンプソン（Sandra A. Thompson）は、世界の諸言語の観察に基づき、「現実のデキゴトとして表現される方が、非現実のデキゴトとして表現されるよりも、他動性は高い」と述べています（Hopper and Thompson 1980）。

　なぜ非現実なら他動性は低いのか？　リアルでないからでしょう。両氏は「肯定文で表現される方が、否定文で表現されるよりも他動性が高い」とも述べています。これは先程の「けが人はなかった」とも通じる話でしょう。

　以上では、デキゴトが非現実のものとして表現される場合、他動性は退色して低くなるということを見ました。他動性の高低は、いま・ここ・現実の発話現場を基準に判断されます。そして、それによって「を」や「が」の自然さが変わります。これは、文法が、自己らしさやアニマシーだけでなく、他動性においても、脱場面的なものではなく、場面的なものだということでしょう。

♀ 7　敬意の退色

　最後に、敬意について、以上と同様のことを確認しておきましょう。それは、尊敬すべき人物に対する敬意は、否定されるデキゴトの中では退色し、低くなるということです。

先に述べたように、アニマシーが高いモノの存在は、現代日本語（共通語）では「いる」で表されます。ただし、そのモノに対する敬意を表す場合は、「いらっしゃる」という別の言い方（敬語）になります。調べてみると、「あの人はロビーにいる」も「あの方はロビーにいらっしゃる」も、日本語母語話者たちは問題なく自然と判断します。ところが否定文の発話については、少し違う反応が返ってきます。それは、「あの人はロビーにいない」は問題なく自然であるのに対して、「あの方はロビーにいらっしゃらない」の方は、自然ではあるけれども自然さが若干低いという反応です。わざわざ「いらっしゃらない」とまでは言わないという話者たちの言語感覚の背後には、「否定されるデキゴトはリアルに感じられない」という原理があるのでしょう。デキゴト［尊敬すべき人物の存在］が否定されると、そのデキゴトの中でのモノ（尊敬すべき人物）への敬意は退色して低くなり、「いらっしゃる」はさほど必要ではないということです。

♆ 8　立ちのぼる「匂い」としての文法概念

　ここでは、表現内容が発話の現場（いま・ここ・現実・私）から離れると、自己らしさが減衰し、アニマシー・他動性・敬意が色あせ退色するということを観察してきました。

　自己らしさ・アニマシー・他動性・敬意は、いずれも文法の根本をなす概念ですが、これらの高低は、いま・ここ・現実・私の発話現場を基準に判断されます。これは、文法が場面的なものだということです。してみると、話し手が語る自己らしさ・アニマシー・他動性・敬意は、実はモノやデキゴ

トから立ちのぼる「匂い」のようなはかない存在なのかもしれません。

　なお、日本語の場合、文法の場面性には、以上で述べた「いま・ここ・現実・私」が中心のものだけでなく、「いま・ここ・現実・私たち」が中心のものもあると私は考えています。これについては、次の第 7 章で述べることにしましょう。

── 文献 ────────────────

定延利之　2019　『文節の文法』pp.28-43, 東京：大修館書店

寺村秀夫　1982　『日本語のシンタクスと意味 I』東京：くろしお出版

Croft, William. 1990. *Typology and Universals*. Cambridge: Cambridge University Press.

Hockett, Charles F. 1960. "The origin of speech." *Scientific American*, vol. 203, no. 3, pp. 89-97.

Hopper, Paul J, and Sandra A. Thompson. 1980. "Transitivity in grammar and discourse." *Language*, vol.56, no.2, pp. 251-299.

── 読書案内 ────────────────

定延利之　2023　「文法の場面性」第 2 節『日本認知言語学会論文集』第 23 巻、pp.22-34.
　　自己らしさの減衰や、アニマシー、他動性、敬意の退色に関するアンケート調査の結果が記載されています。

7章 発話の権利

発話の現場の中心といえば、「いま、ここに、現実にいる私」と相場が決まっています。しかし、それとは別に、「いま、ここに、現実にいる私たち」も発話の現場の中心だと思える現象が、日本語にはあります。この現象は、ある特定の言い方が、ある特定の「立場」の人だけに許されているという「発話の権利」に関わっています。以下、具体的な事例を挙げて紹介しましょう。

♀ 1 「責任者」の特権性

たとえば、みんなでドライブに行こうと、3人の人間がレンタカーに乗り込んだとします。運転は、免許を持っている人間が交代でおこなう予定で、まず1人が運転座席にすわりました。残りの2人はそれぞれ他の座席にすわりました。しかし、出発しようとしても、なぜか車は動きません。3人は車中で、「ブレーキは踏んでないよね」「故障かな」などと、原因を探ります。やがて、1人が原因を探り当てました。いままで見落とされていたのが不思議ですが、実は、シフトレバーがニュートラルになったままになっているのです。この時、「あ、ニュートラルだ！」と言うことは、原因を発見すれば誰でもできます。たとえば後部座席にすわって

いる人間でも、問題はないでしょう。

　しかし、末尾に「た」が付いている「あ、ニュートラルだった！」は、そういうわけにはいきません。これは原則として、運転座席にすわっている者だけに許された、その意味で特権的な発話です。（以下、「運転座席にすわっている者」を便宜的に「運転者」と呼ぶことにします。）

　では、運転者は他の２人と、どこが違っているのでしょうか？

　断っておきますが、シフトレバーをニュートラルにしたのは運転者ではありません。「レンタカー」という状況設定は、このことをはっきりさせるためのものです。シフトレバーをニュートラルにしてレンタカーから降り、「こちらの車で行ってらっしゃいませ」と、３人を乗車させたのは、レンタカー会社の従業員です。運転者も他の２人と同様、シフトレバーに触ってはいません。それでも運転者だけが「ニュートラルだった」と言えるのは、運転者にどんな特徴があるからでしょう？

　答を言ってしまえば、それは運転者の「立場」です。いま、３人のコミュニケーションの場では、「車はなぜ動かないのか？」という問題が発生しています。この問題を自分の問題として引き受け、なんとか解決しようとする「責任者」の立場にあるのは、運転者です。なぜか？　運転座席にすわっているからです。「ニュートラルだった」という発話は、この「責任者」だけの特権的な発話と言うことができます。

　後部座席にすわっている者でも、車が動かないことをよほ

ど不思議がり、原因を探し回っていたなら、「あ、ニュートラルだった！」と言えるのではないかと、読者は感じられたかもしれません。たとえそうであったとしても、それは、この種の発話が「責任者」だけの特権的発話だという、いま述べていることの反例にはなりません。なぜなら、その場合、その人物は「車はなぜ動かないのか？」という問題を自分の問題として引き受け、これに強くコミットしており、自ら「責任者」をもって任じているからです。

　状況が変わって、また別の問題が起きれば、それに応じて問題の「責任者」も変わります。レンタカーに同乗するはずの、４人目の人物がなかなか現れないとしてみましょう。その人物を待つうちに、車中では、「そもそも、あの人は本当に来ると言っていただろうか」「今日は仕事ではないのか。だったら来るはずがない」などと、４人目を待ち続けることへの懐疑的な意見が出始めました。すると、助手席にすわっている人物が、「いや、あの人は来る。あの人は今日は仕事はないから、絶対来るよ」と強く主張し、そこで一同は納得して、なお４人目を待ち続けたとします。と、実に都合がいいことに、車の床に紙片が落ちており、拾い上げてみるとそれは４人目の人物の勤務予定表で、その日は仕事が入っています。それを見て、「あ、あの人、今日は仕事だ！」と言うことは誰でもできます。しかし、「あ、あの人、今日は仕事だった！」と言うことは、同じようにはいきません。いま発生している問題「あの人は来るのか？」に強くコミットした、助手席の人物が言うのは自然ですが、他の２人が言うのは不自然です。この局面では、運転者はもはや「責任

者」ではなく、「仕事だ」とは言えますが「仕事だった」とは言えません。このように、状況の中で生じる問題ごとに「責任者」は変わり、それに応じて権利の所在も変わります。

それにしても、「あ、ニュートラルだ！」「あ、あの人、今日は仕事だ！」などの発話は誰でも言えるのに、「あ、ニュートラルだった！」「あ、あの人、今日は仕事だった！」などの「た」が付いた発話に制限があるとは、どういうことなのでしょうか？

❦ 2　コミュニケーションの場から心内へあからさまに離脱してみせること

まず、「責任者」だけに許されている行為について考えてみましょう。「責任者」ならではの特権的な行為とは何か？ それは、コミュニケーションの場からあからさまに離脱することです。どこへ離脱するのか？ 自分の心内へです。何のために？ 考え事に集中するためです。コミュニケーションの場には、さまざまな問題が生じます。たとえば「車はなぜ動かないのか」問題。またたとえば「あの人は来るのかどうか」問題。そうした問題を解決しようと、考え事に集中するため、心内へ離脱するということです。目が虚ろになって上の空、というところまで行かなくても、皆との会話を少しだけ「お留守」にして、思案をめぐらせるということです。

といっても、こうした離脱自体は「責任者」の特権ではありません。離脱は誰にでもできます。というのは、他者の心の中を知ることはできないからです。表面的には、いかにも

皆とコミュニケーションに打ち興じているようでも、実はそれはうわべだけのことで、心内では「今晩のおかずは何にしよう」「もうちょっとバイトを入れられないか」など、さまざまな考え事にいそしんでいるという可能性は、すべてのコミュニケーションの、すべての参加者にあります。心の中は見えないので、これはどうしようもありません。いくら「考え事をするな。皆との会話に集中せよ」と言っても、考え事という「内職」を防ぐことはできません。

　しかし、あからさまに考え事をするとなると、話は別です。(「あからさま」といえばふつう、意図的な様子を指しますが、ここでの「あからさま」は、必ずしも意図的ではなく、ただ「周囲から察せられるほどはっきりと」という様子を意味するものと考えてください。)

　コミュニケーションの場に物理的に存在していることは存在しているけれども、あからさまに考え事に集中していて、何を言われても反応が鈍いという人間ばかりなら、コミュニケーションは崩壊してしまいます。そういう事態を招きかねない、「あからさまに上の空」の人間を、コミュニケーションの場に生じている問題の「責任者」に制限しているのが、日本語社会です。これは、日本語世界ではコミュニケーションの場が尊重されている、ということでもあります。

　考えることは、いつでも、誰にでもできます。しかし、「えーと」などと言って、皆の前であからさまに考えることは、そうはいきません。ここには「責任者」の特権性が見てとれます。くわしく述べてみましょう。

　たとえば、皆の前でそれまでずっと話していた話し手の場

合です。この人物は「皆に対して次に何をどう話すべき
か？」という、コミュニケーションの場に発生している問題
の「責任者」になっているので、「えーと」などと言ってあ
からさまに考えることができます。「で、150円と270円
で、えーと420円を払ってですね、〜」という具合です。

　また、それまで黙っていたところ、話し手から「どう思い
ますか？」と、意見を求められた人物も同様です。この人物
は、「皆に対して次に何をどう話すべきか？」という、コ
ミュニケーションの場に発生している問題の「責任者」の立
場を割り当てられました。そのため、「えーと」と言ってあ
からさまに考えることができます。「えーと」と言った後、
本当に話し続ける場合もあるでしょう（「えーと、私が思う
のはですね、〜」）。また、それまでの話をあまり真剣に聞
いていなかったなどの事情で、答えられないので、自分のこ
とは諦めてもらって別の人間に意見を求めてもらおうと、頭
をかき、うつ向いて、パス狙いに徹する場合もあるでしょう
（「えーと、……」）。いずれの場合にせよ、「えーと」と言っ
て、あからさまに考えることはできます。

　さらに、話し手の話をそれまで黙って聞いていたけれど
も、話に違和感を覚え、話し手から発言権を奪って自分が話
をしようとする人物も同様です。この人物は「皆に対して次
に何をどうどう話すべきか？」という、コミュニケーション
の場に発生している問題の「青仟者」役を自ら買って出てい
ます。それで、「えーと」と言って、あからさまに考えるこ
とができます。「えーと、ちょっとそれ、違うんじゃないで
すか」といった具合です。

しかし、特に皆に対して話そうとはせず、ただ話を聞いているだけという人物の場合は、以上の３つの場合とは違っています。この人物は、考えているからといって、「えーと」と言うことはできません。会議の場で、参加者たちが真剣に議題を検討している場合でも、皆が口々に「えーと」とつぶやくことはありません。コミュニケーションの場に発生している問題の「責任者」ではないからです。

「ニュートラルだった！」や「あの人、今日は仕事だった！」などに現れる、過去を意味する「た」も、「えーと」と同じです。ここで、過去の「た」が発話に現れる意味を考えてみましょう。

♉3　知識更新の「た」

セミホウボウという魚がいます。ヒレを広げなければ、ホウボウに似た普通の魚ですが、ヒレを広げると、セミが羽根を広げたような形に見えるので（図１）、この名が付いているようです。

図 1：セミホウボウ［著者撮影］

　さて、ある水族館の水槽に、このセミホウボウが 1 匹いるとします。そこへ、セミホウボウのことを全く知らない 1 人の子供がやってきました。子供が水槽に貼りついてセミホウボウを見ていると、やがて魚がヒレを広げました。その姿に驚いた子供が、「あ、この魚、羽根があるんだ！」と言うのは自然です。しかしまた、「あ、この魚、羽根があったんだ！」と言うのも自然でしょう。子供には「たった今まで、自分はそのことに気づかずこの魚を見ていた」という過去があるから、過去の「た」が現れてもよいということです。

　もし仮に、この子供が、セミホウボウがヒレを広げた後にやって来たのであれば、「あ、この魚、羽根があるんだ」と比べて「あ、この魚、羽根があったんだ」は不自然になりま

107

す。（ここでは、セミホウボウのことを全く知らない子供を取り上げていることに注意してください。ヒレを広げていない状態を、子供が以前に図鑑などで見て知っていたなら、過去があることになるので、話は別です。）

　このような「た」は、話し手が心内の知識を更新する際に現れます。知識を更新するには、新たな知識と入れ替えられる、過去に作られた古い知識にまず思い当たる必要があります。過去を意味する「た」が現れるのはそういうわけです。以下、この「た」を「知識更新の「た」」と呼ぶことにしましょう。

✿4　あからさまに知識を更新する権利

　「ニュートラルだった！」や「あの人、今日は仕事だった！」も、「羽があったんだ」と同じです。見たままを述べる「ニュートラルだ！」や「あの人、今日は仕事だ！」とは違って、「ニュートラルだった！」や「あの人、今日は仕事だった！」は、末尾に知識更新の「た」を持っています。「た」があるということは、心内にある、これまでの古い知識（［シフトレバーに問題はない］や［あの人は今日は仕事はない］）にアクセスして、新しい知識（［シフトレバーがニュートラルである］や［あの人は今日は仕事である］）に更新する様子が、あからさまになるということです。

　古い知識と新しい知識に更新することは、車内の誰もができること、誰もがやることです。しかし、これをあからさまにやるのは別の行為です。そして以上で取り上げた「た」の発話は、まさにこれにあたります。

　では、この発話が一部の者にしかなされないということ
は、どういうことなのか？ 多くの人々はコミュニケーショ
ンの場を、少なくともあからさまなレベルでは尊重している
ということでしょう。そしてまた、その例外となる「一部の
者」が、コミュニケーションの場に生じている問題を解決す
る「責任者」であるということも、コミュニケーションの場
というものに対する人々の尊重の現れと言えるでしょう。

5　あからさまに知識を思い出す権利

　文末の「た」と結びつく心内作業は、知識の更新だけでは
ありません。ここでは、たとえば現在のパスワードを思い出
す際に「パスワードは何だったかな」「そうそう、これだっ
た」などと言って、あからさまに知識を思い出そうとする際
の「た」を見てみましょう。以下、この「た」を「思い出し
の「た」」と呼んでおきます。

　知識更新の「た」と同様、思い出しの「た」も、意味は過
去です。そもそも、知識を思い出そうとするとは、望む知識
（いまの例ならパスワード）がすぐ出てこないので、その知
識を見聞きした過去（たとえばパスワードを設定した時点や
前回入力した時点）の記憶をたどってなんとか情報を取り出
そうとすることです。その過去の記憶をたどる作業をあから
さまに反映するのが思い出しの「た」です。

　思い出そうとすることと、思い出しの「た」を発してあか
らさまに思い出すことは、別物です。思い出そうとしていれ
ば、誰でも思い出しの「た」を発することができるというわ
けではありません。そして、思い出しの「た」を発してあか

らさまに思い出せるのは、やはり「責任者」の特権です。

　具体例を見てみましょう。ある大学で、ある教員が「刑法各論」という授業を毎週水曜に行っています。その授業中に起きた、ちょっとした「事件」（たとえば教室にハトが入ってきて云々）を、1人の学生が友人に話そうとしています。ところが、この学生は「水曜のさぁ」と切り出したところで、授業科目名「刑法各論」を度忘れして、早くもことばに詰まってしまいました。この学生は「次に何をどう話すべきか？」という問題の「責任者」ですから、「えーとあれは」などと言って、あからさま考えることができます。そこで授業科目名を思い出せば、「ああ、刑法各論だ。刑法各論の授業があってさぁ」と話を続けるのも自然ですが、「ああ、刑法各論だった。そう、刑法各論の授業があってさぁ」と、思い出しの「た」を発してあからさまに思い出すことも自然です。これは、この学生が「責任者」であればこそです。

　話し手が「責任者」でなければ、そうはいきません。この学生が友人に向かって話す様子を、そばで黙って見ている後輩がいるとします。この後輩も、やはり刑法各論の授業を受講しており、問題の「事件」を先輩と共に目撃していました。後輩は、先輩の話を横取りするつもりは全くありません。けれども、先輩が授業科目名をなかなか思い出せないのを見て取って、横から一瞬だけ口をはさんで、授業科目名を先輩に教えてやろうと思いました。しかしながら、自分もとっさには授業科目名が出て来ないので、それを思い出しにかかります。ようやく後輩は、授業科目名を思い出しました。この状況で、後輩が「刑法各論です」と言うのは自然で

す。が、「刑法各論でした」と言うのは自然ではありません。後輩は先輩と違って、「次に何をどう話すべきか？」という問題の「責任者」ではないからです。

❦ 6　「体験者」の特権性

　あからさまに心内へ引きこもれるのは、「責任者」だけではありません。「責任者」の特権性に続いて、「体験者」の特権性も見てみましょう。

　ある病院で、医者と看護師が、1人の通院患者について会話しているとします。「あの患者さんは、お酒は飲むんでしたっけ？」と、医者は看護師にたずねました。が、たずねられた看護師は即答できません。そこで看護師は書類を探り、やがて問診票に「酒は毎日浴びるほど飲む」というその患者自身の書き込みを見つけたとします。この場合、看護師は医者に「すごく飲みますよ」と答えることができます。しかし、タンスの角に足の小指をぶつけた時に出る「あ゛〜」のような、りきんだ声で、「**飲んみんまっすぅよー**」と答えることはできません。りきんだ声で「**飲んみんまっすぅよー**」と答えるのは、その患者の飲みっぷりを目の当たりにして驚きあきれた経験を持つ、経験者だけの特権です。いや、その患者と一緒に飲んだ経験などないのに、あるような顔をして発話に臨む者も、りきんだ声で「**飲んみんまっすぅよー**」と答えるでしょうから、「経験者だけ」というのは厳密には正しくありません。厳密には、「（本物かどうかは別として）経験者づらをして発話に臨む者」、つまり「体験者」の特権と言うべきでしょう。

ここで私が「経験者」とは別の意味で「体験者」という用語を使っていることに注意してください。「体験者」とは、（本物であれ偽りであれ）経験者として発話に臨む者を広く指すものとします。また、体験者が語る経験を（本物であれ偽りであれ）以下では広く「体験」と言っておきます。

　さて、では体験者のりきみ声とは何でしょう？　それは、驚き・あきれという体験の声です。つまり、目の前でどんどん杯を重ねボトルを空けていく酒豪の様子に驚きあきれ、**「はぁ～っ」**とりきんで低くため息をつく、その声です。その声で**「飲んみんまっすぅよー」**と答えるのは、社会言語学者ウィリアム・ラボフ（William Labov）も言っているように「体験を語るとは、その体験をもう1度生きること」だからです（Labov 1972）。「あの人、お酒は飲むんでしたっけ？」という質問者からの問いに答えながら、その人物の飲みっぷりを目の当たりにして驚きあきれた過去の体験をもう1度りきみ声であからさまに再現する話し手は、質問者とのコミュニケーションの場を半ば離脱して、心内の記憶世界に入り込んでいることになります。

♆ 7　「体験者」の「た」発話

　「責任者」の特権性と同様、「体験者」の特権性も、「た」と関わることがあります。ある会社を訪問した2人の学生が、応接室に通され、しばらく待たされているとします。応接室には水槽があり、2人が見ると、金魚の死骸が浮いています。その時、死骸を見ながら2人がどちらからともなく発することばとしては、「あ、金魚死んでる」は自然です

が、「あ、金魚死んだ」は不自然です。「死んでる」金魚は絶対に「死んだ」ものだと確信できる、にもかかわらずです。

　もっとも、この金魚の死骸を見て、「死んだ」と言える人間が全くいないわけではありません。たとえば、社長に命じられて、この金魚の世話をイヤイヤさせられている秘書なら、死骸を見つければ「あー、やっぱり死んだ。昨日、相当弱ってたからなぁ。社長に怒られるなぁ」という具合に、「死んだ」と言っても不自然ではないでしょう。秘書は来訪者である 2 人と違って、かつての金魚の状態［生きている］を目で見て経験しており、そして現在の金魚の状態［死んでいる］も経験しています。つまり、金魚の死という変化（状態［生きている］から状態［死んでいる］へ）の経験者です。それなら「体験者」として話しても不自然ではないでしょう。つまり、「死んだ」という「た」の発話は、「体験者」の特権的な発話だということです。

　「あの時生きていた金魚が死んだ」のように、「あの時生きていた」の部分まで話し手が実際に声に出して言うとは限りません。しかし、話し手の眼前にあるのは金魚の「死んでる」状態であり、それを生から死への変化［死ぬ］の形で「死んだ」と述べる以上は、生前の金魚のイメージが話し手の意識にあるはずです。そのイメージは話し手の心内の記憶にしかありません。話し手の意識の幾分かは、発話の現場から離脱して、心内の記憶をたどっていることになります。

　「体験者」の特権性については以上ですが、もっともこの特権性は、若干の例外を持っています。たとえば、初めて視

察した養鶏場で、バカでかい1羽のニワトリに出くわした話し手は、そのニワトリの小さかったヒヨコ時代など見ておらず、そのニワトリの［育つ］という変化の経験者ではないにもかかわらず、「しかしこいつはまた、育ったなぁ！」などと言っても自然でしょう。

しかしながら、そのような例外発話は、「体験者」の特権性という原則をおびやかすようなもの（反例）ではありません。というのは、それらの発話が自然になることもまた、この原則から自然に理解できるからです。たとえば、いま取り上げた養鶏場での発話は、［ニワトリは普通、これこれこの程度の大きさに育つもの（それより大きくはならない）］という一般的な知識を下敷きにしてなされています。つまり話し手の「育ったなぁ」とは、そもそも純粋の体験発話ではなく、知識の表現に偏っているので、「体験者の特権性」は関わらないということです。目の前の金魚の死骸を見て「金魚死んでる」と言うのも、「金魚死んだ」と言うのも、体験を語る行為です。「死んでる」か「死んだ」かという問題は、体験を語る形式がどうなるかという問題です。話し手が体験ではなく知識を語るのであれば、話し手の立場（当該の変化の体験者か否か）が問われることもありません。

♥ 8　発話の権利とコミュニケーション

実は、「責任者」や「体験者」の特権性は、コミュニケーションの発話ではない、独り言発話にも観察されます。

たとえば、先程のレンタカーの事例です。一向に動かないレンタカーの外部を調べてみようと、3人のうち2人は車

外に出て行き、後部座席に 1 人、子供だけが残っていると
します。そしてその子供は、車が動かない原因についてはこ
れまで大人たち 2 人に任せていたけれど、自分も原因を探
してみようかと、シフトレバーに目をやって、いきなり原因
を発見したとします。しかし、それでもやはり、この子供は
「あ、ニュートラルだ！」と違って「あ、ニュートラルだっ
た！」とは普通つぶやけないでしょう。子供は「車はなぜ動
かないのか？」という問題の「責任者」ではないからです。

　またたとえば、応接室の水槽に金魚の死骸を見つけた学生
が 2 人連れではなく 1 人きりだとしても、「あ、金魚死んで
る」と違って「あ、金魚死んだ」とはつぶやけません。その
学生は金魚の死という変化の「体験者」ではないからです。

　しかし、だからといって、「責任者」や「体験者」の特権
性を、コミュニケーションと切り離して考えることは得策で
はありません。むしろ、「責任者」や「体験者」の特権性が
個々の場面を超えて尊重されていると考えるべきでしょう。

　実際のところ、「責任者」や「体験者」の特権性は、コ
ミュニケーションについて、極めて根本的なことを教えてく
れます。たとえばレンタカーの例では、知識修正の「た」に
関する観察は、次の①②のようにまとめることができます。

① 「ニュートラルだ」発話は、シフトレバーがニュートラル
　であることを発見すれば誰でも自由にできる。
② 「ニュートラルだった」発話は、その情報を持っていて
　も、「責任者」（基本的に、運転座席にすわっている者）
　にしかできない。

この①②に、もしも「発話とは情報の伝達である」という考えを組み合わせると、①は③に、②は④になります。

③情報［シフトレバーがニュートラルである］の伝達は、シフトレバーがニュートラルであることを発見すれば誰でも自由にできる。
④情報［シフトレバーがニュートラルであることに自分はいままで気づかなかった］の伝達は、その情報を持っていても、「責任者」（基本的に、運転座席にすわっている者）にしかできない。

　しかしながら、③④は矛盾しています。というのは、車が動かない原因を皆で探している状況では、③と④の情報の伝達は、お互いがお互いを意味する（つまり一方の伝達を行えば他方の伝達をも行うことになる）関係にあるからです。車が動かない原因を皆で探していて、シフトレバーがニュートラルであることを口にする以上は、話し手がそのことにいままで気づかなかったことも話し手は請け合っていることになります。そしてまた逆に、車が動かない原因を皆で探していて、シフトレバーがニュートラルであることにいままで気づかなかったと口にする以上は、シフトレバーがニュートラルであることも話し手は請け合っていることになります。
　なぜこのような、おかしなことになってしまったのでしょう？　それは「発話とは情報の伝達である」という考えを受け入れてしまったからです。
　発話するとは情報を伝達することだ、というこの考えは、

私たちの社会に極めて広く普及し、深く浸透しています。
が、実は完全無欠というわけではなく、大きな限界を持って
います。この章では「話し手は発話で心内操作をあからさま
におこなう」という考えを持ち出しましたが、実はそれも、
「話し手は発話で情報を伝達する」という問題ある考えの代
案として私が提案しているものです。この代案の当否は皆さ
んに考えていただければと思いますが、発話の権利がコミュ
ニケーションの根本的な部分とつながっていることは確かな
ことでしょう。

　発話を伝達という枠組みで考えることの問題点は、第 9
章でさらに述べることにします。

──文献──

Labov, William. 1972. *Language in the Inner City: Studies
in the Black English Vernacular*. Philadelphia: University
of Pennsylvania Press.

──読書案内──

定延利之（編）　2020　『発話の権利』東京：ひつじ書房
　この章でお話しした「発話の権利」をテーマにして、語用論、会話
　分析、人類学、動物行動学の第一線の研究者たちに、思い当たるこ
　とを論じてもらっています。

8章　非流暢な言い方

　話したり聞いたりする言語を「音声言語」と言います。書いたり読んだりする言語は「文字言語」です。音声言語と文字言語を比べた場合、人間の言語として、より基本的な位置を占めるのは音声言語だと、現代言語学はことあることに言ってきました。たしかにそうだと、私も考えています。というのは、文字がなくて音声言語だけという言語は世界に珍しくないからです。今世紀初頭に出版された言語学者デビッド・クリスタル（David Crystal）の著書によれば、世界の言語の4割程度がそれに該当します（Crystal 2007）。音声言語だけでなく文字言語をも併せ持っている日本語のような言語を見ても、文字言語は、子供がまず音声言語を獲得した後に、しかも特別な教育（文字や筆記具の教育）を受けることで、やっと獲得されるという、人工的で難しい言語です。やはり基本は音声言語だと考えざるを得ません。

　音声言語と文字言語の違いは、メディア（媒体）が音声か、文字かの違いである、と言うことは間違いではありません。しかし多くの場合、メディアの違いはそれだけにとどまらず、より根本的な違いをもたらします。具体的に言うと、音声言語は、対面会話での即興的なことばになりがちで、文字言語は記録のことばになりがちです。なぜでしょう？

　第 1 の理由は、運搬・保存の可能性です。文字は、紙に書かれたものであれ、板などに彫り刻まれたものであれ、運搬・保存が容易にできます。それに対して音声は、話し手のごく周辺にしか届かず、また、言った瞬間に減衰して消えるという、はかなさ（ephemerality）を持ったメディアです。運搬・保存は困難と言わざるをえません。もちろん、録音機やスマホといった機器の発達・普及は両者の差を縮めていますが、そうした機器はいつでもどこでも自由に利用できるわけではないでしょう。

　第 2 の理由は、人間の情報処理能力です。人間は文字を読む速さでは、文字を書くことができません。文字を書く速度は、文字を読む速度よりもずっと遅いのが普通です。結果として、書き手と読み手が同じ場にいると、書き手は焦り、読み手は焦れてしまいます。他方、音声は、どんな速さで話しても、それに合わせて聞くことがたいていできます。早口すぎて付いていけない、遅すぎてわからないということは稀にしか起こりません。「音声言語は相手と対面しながら、相手の反応やその場の状況を見ながら話していく、即興的なことばになりがち」「文字言語はいつどこの誰に読まれても恥ずかしくない、客観的な事実を記録することばになりがち」という傾向が生まれる理由は、ここにあります。

　これらの傾向は、規則ではなく、ただの傾向に過ぎません。例外もいろいろあります。たとえば、準備された原稿を、訓練されたアナウンサーが一読した上で、テレビカメラの前でスラスラ読み上げた場合、そのことばは、音声をメディアとしているので音声言語ですが、「相手と対面しなが

ら、相手の反応やその場の状況を見ながら話していく即興的なことば」という音声言語の傾向からは外れています。（こうした例外を除外した、音声言語らしいものだけを私は「話しことば」と言い、「音声言語」とは区別しています。同様に「書きことば」と「文字言語」も区別しています。）

しかし、以上で述べた傾向は、たまたまそうなりやすいという傾向ではありません。音声言語が音声をメディアとし、文字言語が文字をメディアとする以上、上記2点の理由からどうしてもこうなりがちだという必然的な傾向です。軽視できるものではないでしょう。

人間の言語として根本的な位置を占める音声言語が、即興的なことばになりがちなのは必然だ、というところまで話は進みました。では、話をもう1歩進めてみましょう。即興的に話されることばは、非流暢になりがちではないでしょうか。つまり、非流暢性は言語研究が避けて通れないテーマだということです。

伝統的な言語学は、母語話者を、少なくとも理想的には流暢に話す存在とみなし、母語話者の発話に非流暢な部分があることを認めてきませんでした。いや、より厳密には、流暢な部分も認めてこなかったと言うべきかもしれません。というのは、言語学が伝統的に力を注いでいたのは、抽象的な「言語記号の体系」の解明であって、現実の話者たちの発話には（流暢であれ非流暢であれ）注意が向けられてこなかったからです。

しかし、話しことばに対する観察が進むにつれ、これまで意味がない単なるゴミと片付けられていたものが、実は話し

ことばの中に無視できないほど含まれていることがわかって
きました。マルチモーダルなコミュニケーションの研究を進
めるニック・キャンベル（Nick Campbell）氏は、日本語
の日常会話によく出てくる発話パターン上位 100 位をリス
トアップしていますが（Campbell 2006, 2010）、その
中には「うーん」「あのー」「えー」などのことばが、かな
り含まれています。これらのことばは意味がないどころか、
コミュニケーションに影響を与える重要な意味を持っている
ことが明らかになってきています。

　前置きがすっかり長くなりました。非流暢性について考え
てみることにしましょう。

♀ 1　こま切れ発話の「だ」「です」「じゃ」の音調は？

　ここでは、非流暢な発話の例として、私が「こま切れ発
話」と呼ぶものを取り上げてみましょう。

　「こま切れ発話」とは、スラスラと一気に発話せず、文節
の末尾で小休止する、小刻みな発話を指しています。たとえ
ば「人がいっぱいいて、」という節をこま切れ発話で言うと
「人が、いっぱい、いて、」になります。

　実際このような形で発話されることもありますが、こま切
れ発話ではしばしば、文節の末尾に判定詞「だ」「です」
「じゃ」や終助詞が現れます。（これらの終助詞を私が「間
投助詞」と呼ばない理由については、第 4 章を参照してく
ださい。）「人がだなぁ、いっぱいだなぁ、いてだなあ、」
「人がですね、いっぱいですね、いてですね、」「人がじゃ
のぅ、いっぱいじゃのぅ、いてじゃのぅ、」という具合で

す。

　ここで、こま切れ発話の文節末に現れる判定詞「だ」「です」「じゃ」の音調に注目してみましょう。これらは常に低音調で発せられます。「だ」を例にとってみます。「ひとがだなぁ、」は「ひ」が低音調、「と」が高音調、「が」も高音調、そして「だ」が低音調、「な」が高音調、「ぁ」が低音調で発せられます。「だ」は低音調です。そして「いっぱいだなぁ、」は、「い」が低音調、「っ」は音がありませんが、「ぱ」も「い」も高音調、「だ」が低音調、「な」が高音調、「ぁ」が低音調で、ここでも「だ」は低音調です。さらに「いてだなぁ、」は、「い」が低音調、「て」が高音調、そして「だ」が低音調、「な」が高音調で、「ぁ」が低音調と、やはり「だ」は低音調です。

　元々「だ」という判定詞がいつも低音調なのでは？　と思われたかもしれません。が、そんなことはありません。というのは、たとえば「ひとがいっぱいだ。」と言う場合には、文末に位置する「だ」は、高音調で発せられるからです。これは、「だ」の直前にある「いっぱい」という語のアクセントが、「平板型」（低音調からにすぐ上がり、高音調から低音調には下がらず、ずっと高いまま）であるためです。その平板型アクセントの影響を受けて、「だ」は高いまま発せられます。

　ところが文節末の「だ」は、いま紹介した文末の「だ」と同じく、平板型の語「いっぱい」の直後にあるというのに、その影響を受けず低音調で発せられます。

　「だ」だけでなく、「です」や「じゃ」も同様です。「ひと

がいっぱいで<u>す</u>。」「<u>ひ</u>とがいっぱいじゃ。」という文の末尾
にある「<u>で</u>す」「<u>じゃ</u>」を見ると、「<u>で</u>す」の「<u>す</u>」はもと
もと常に低音調ですが、「<u>いっぱい</u>」直後の「<u>で</u>」は平板型
アクセントの影響を受けて高音調、「<u>じゃ</u>」も高音調です。
しかし文末ではなく文節末になると、「<u>い</u>っぱいですね、」
の「<u>です</u>」も、「<u>いっぱい</u>じゃのぅ」の「<u>じゃ</u>」も、低音調
です。

　以上のように、発話が非流暢であるということは、不規則
であることを必ずしも意味しません。それどころか、非流暢
な発話はしばしば規則的です。いま見ているのは、その一例
です。話し手が非流暢なこま切れ発話で話す場合、文節末に
現れる判定詞は、決まって低音調です。

　では、なぜ低音調なのでしょう？

♉ 2　目立たないことば

　話を進める前提として、ここで非流暢性とは直接関係しな
い現象を紹介しておきましょう。それは、2 つの要素から構
成される合成語が、合成語としてのアクセントを持たずに、
一方の要素のアクセント情報を継承する、という現象です。
言い換えれば、もう一方の要素が何ら自主性を発揮せず、た
だただ周囲の環境の要請に従うという現象です。

　たとえば、丁寧の接頭辞「お」が、他の語と結びついて合
成語を構成する場合を見てみましょう。

　わかりやすいように、「他の語」の例として、ここでも平
板型アクセントの語を取り上げてみましょう。具体的には
「掃除」や「洗濯」などです。平板型ですから、アクセント

は低音調から高音調にすぐ上がり、いったん高くなった後は、ずっと高いままです。「掃除（そうじ）」なら、「そ」は低く、「う」は高く、そしてそのまま「じ」も高く発せられます。同様に「洗濯（せんたく）」も、「せ」は低く、「ん」は高く、そしてその後の「た」も「く」も高いままです。

　では、「お」がそれらの平板型の語と結びつくと、どうなるでしょうか？　合成語になるので、合成語としてのアクセント型になり、結果として平板型でなくなります。「お掃除（おそうじ）」の「お」は低く、「そ」は高く、その後の「う」は低く、「じ」も低くなります。「高いままで、低くならない」という平板型の性質は失われています。「お洗濯（おせんたく）」も同様です。「お」は低く、「せ」は高く、そして続く「ん」は低く、「た」「く」も低くなります。合成語になると、アクセントも合成語としてのアクセントになるというのは、言ってみれば当たり前の話です。ですから、「お掃除」や「お洗濯」のような合成語ばかりなら、私は何も言うことはありません。

　ところが注目すべきことに、「お」と他の語が結び付いて合成語ができても、その合成語のアクセントが、合成語としてのアクセントにならないという場合も実はあります。「お」はないがしろにされてしまって、「お」と結びつく語のアクセント情報が、そのまま合成語に引き継がれるということです。これはたとえば、「お」と「財布」や「勉強」が結び付いた、「お財布」や「お勉強」の場合です。

　「財布（さいふ）」のアクセントは、「さ」が低く、「い」が高く、続く「ふ」も高いままの平板型です。そして「お財

124

布（<u>お</u><u>さ</u>いふ）」のアクセント型も、「<u>お</u>」が低く、「<u>さ</u>」が
高く、続く「<u>い</u>」も「<u>ふ</u>」も高いままの平板型です。ここで
は平板型というアクセント情報が、「財布（<u>さ</u>いふ）」から
「お財布（<u>お</u><u>さ</u>いふ）」に継承されています。

　「勉強」と「お勉強」も同様です。「勉強（<u>べ</u><u>ん</u>きょう）」
は、「<u>べ</u>」が低く、「<u>ん</u>」が高く、続く「きょ」も「う」も
高いままの平板型です。そしてやはり「お勉強（<u>お</u><u>べ</u>んきょ
<u>う</u>）」も、「<u>お</u>」が低く、「<u>べ</u>」が高く、それに続く「<u>ん</u>」
「きょ」「う」も高いままの平板型ですから、「勉強（<u>べ</u><u>ん</u>
きょう）」のアクセント型が継承されています。

　これらの例では、「お」は、アクセント型に関して、透明
人間のように存在しないものとして扱われています。

　「お」と基本的に同じことが「ご」にも見られます。「ご」
が他の平板型の語と結びついてできた合成語のアクセント
が、合成語としてのアクセントに変わるという場合も一応あ
ります。が、それよりもずっと多いのは、平板型というアク
セント情報を引き継ぐ場合です。それぞれ、例を見てみま
しょう。

　たとえば、「指導」と「ご指導」を見てみましょう。「指
導（<u>し</u><u>ど</u>う）」は、「<u>し</u>」が低く、「<u>ど</u>」が高く、「<u>う</u>」も高
い平板型です。他方、「ご指導（<u>ご</u><u>し</u><u>ど</u>う）」は、「<u>ご</u>」が低
く、「<u>し</u>」が高く、しかしそれに続く「<u>ど</u>」も「<u>う</u>」も低く
発せられますから、平板型ではありません。合成語としての
アクセント型になっています。

　では、「経験」と「ご経験」はどうでしょうか？「経験
（<u>け</u><u>い</u>けん）」は、最初の「<u>け</u>」が低く、「<u>い</u>」が高く、続く

「け」も「ん」も高い平板型です。そして「ご経験（ごけい
けん）」も、最初の「ご」が低く、「け」が高く、続く「い」
「け」「ん」も高いままの平板型です。つまり「経験」のア
クセント情報がそのまま合成語「ご経験」に引き継がれてい
ます。この場合、「ご」は、存在しないかのように扱われて
いることになります。

　「お」や「ご」と同じことは、さらに呼称の接尾辞「さ
ん」「くん」「ちゃん」にも見られます。ここでも、「さん」
「くん」「ちゃん」が結びつく相手の語として、わかりやす
い平板型の語を考えてみましょう。たとえば「田中（たな
か）」という語のアクセントは、「た」が低くて「な」「か」
が高い平板型です。そして、「田中」に「さん」「くん」
「ちゃん」が付いた「田中さん」「田中くん」「田中ちゃん」
のアクセントも、「た」が低く、「な」「か」が高く、それに
続く「さ」「ん」、「く」「ん」、「ちゃ」「ん」も高い、つまり
平板型です。

　もし仮に、「田中」という名の山があれば、その山を表す
語「田中山」（たなかさん）のアクセントはどうなるか？
「た」が低く、「な」「か」が高いけれども、続く「さ」「ん」
は低くなるでしょう。これは平板型ではありません。「田
中」の平板型アクセントは「田中山」には引き継がれないと
いうことです。それは、この「山」（さん）が、ちゃんと存
在を認められているということでもあります。「山」（さん）
とは違って、呼称の「さん」の場合に「田中」の平板型アク
セントが「田中さん」に引き継がれるのは、呼称の「さん」
がちゃんと認められず、ないがしろにされるからです。呼称

の「くん」「ちゃん」も同様です。

　なぜこんなことが起きるのでしょう？

　理由の 1 つは、「お」「ご」や呼称の「さん」「くん」「ちゃん」の音が短いことでしょう。

　意味が具体的にはっきりしないこともまた、理由の 1 つです。もちろん、意味がないというわけではありません。「お」「ご」の意味は「丁寧」、「さん」「くん」「ちゃん」の意味は「呼称」などと、一応ちゃんと言い表すことができます。が、たとえば「財布」でも「お財布」でも物自体は変わらず、「山田」でも「山田さん」でも人物自体は変わらないように、その意味は指示対象を一変させるほど明確なものではありません。

　さらに理由としては、これらがそもそも接辞という、自立性に欠ける存在であるということも挙げられます。これらはいつも他の語句に付いて現れるのみで、単独では現れることができません。

　ないがしろにされるだけのことはあると思えてくるでしょう。以下ではこれらを「目立たないことば」と呼ぶことにします。

　さて本題に戻ります。いま問題にしている判定詞「だ」「です」「じゃ」も、よく考えてみれば、目立たないことばです。音は短いし、意味も希薄で、たとえば「今日は水曜」と言っても「今日は水曜だ」と言っても具体的な意味の違いはありません。現れ方も、「水曜」のような他の語句に付いて現れるのが普通です。

　目立たないことばである「だ」「です」「じゃ」が、「いっ

ぱい」のような平板型アクセントの語と結びつけば、「だ」「です」「じゃ」はないがしろにされて、平板型のアクセント情報がそのまま活きるはずです。そしてたしかに、流暢な「ひとがいっぱいだ」「ひとがいっぱいじゃ」の「だ」「じゃ」は「いっぱい」の最後の「い」と同じ高さのまま、高く発せられます。「ひとがいっぱいです」の「です」も、「いっぱい」と直接接合している「で」の部分は高く発せられます。先ほど述べたように「です」の「す」は常に低く発せられますが、これはいま別問題と考えておいてください。

　だというのに、非流暢なこま切れ発話の「いっぱいだなぁ,」「いっぱいですねぇ,」「いっぱいじゃのぅ,」では、「だ」「で」「じゃ」は高くなく、低く発せられる。これはどういうことなのか？　まさか「だ」「です」「じゃ」が独自性を発揮するはずはありません。これらは目立たないことばで、周囲の環境からの要請に、ただ従うのみのはずです。

　ということは、「いっぱい」のような平板型アクセントの語と、「だ」「です」「じゃ」の間には、実は「なにか」があって、その「なにか」のために、判定詞の音調が低くなっているのではないでしょうか？

♀ 3　境界音調

　もう1度「ひとがだなぁ、いっぱいだなぁ、いてだなぁ、」という非流暢なこま切れ発話を、話し手になったつもりで考えてみましょう。「ひとがいっぱいいて」と一息に言わず（あるいは言えず）、こういう言い方をするのは、「自分が言いたいのは『人が』だ」「自分が言いたいのは『いっぱい』

だ」「自分が言いたいのは『いて』だ」といった意識で言っているのではないでしょうか？ つまり、「『人が』だなぁ、」「『いっぱい』だなぁ、」「『いて』だなぁ、」ということです。この場合、「人が」「いっぱい」「いて」と、「だ」の間には、引用終止符号「』」があります。この符号に相当する、深い切れ目、つまり境界を、話し手は感じながら話していることになります。

「だ」「です」「じゃ」は、この境界の直後にあります。もはや平板型アクセントの語の直後ではありません。だから、平板型アクセントの語の要請［高から低に下がらず、高いままで発せられるべし］に従う必要はありません。従うべきは、平板型アクセントの語からの要請ではなく、境界というものから来る要請です。

ことばの連なりの中に、深い境界がある場合、その区切れの前後で音調が特別なものになりがちということは、「境界音調」（boundary tone）という名で世界の諸言語について知られています。韻律に関して独自性を主張しない、目立たないことばである判定詞「だ」「で」「じゃ」は、深い境界の直後に現れると、境界音調を反映して、低く発せられる、と考えることができるでしょう。

♀ 4　流暢な発話の中の奇妙な「だ」、等々

こう考えれば、流暢な発話の中にある奇妙な「だ」も、同じように説明できます。奇妙な「だ」というのは、これまでの文法が予定していない場所に現れる判定詞です。それで「奇妙」と言っているわけです。

伝統的な文法では、「だ」は名詞類に付く、ということになっています。しかし実際には、名詞類以外の語句にも「だ」は付くことがあります。たとえば「ちゃんと行くだなんて嘘ばっかり」では、動詞「行く」に「だ」が付いています。「今度の出張は1人ではない。社長とだ」では、格助詞「と」に「だ」が付いています。「トレーニングは食べた後じゃない。食べながらだ」では、接続助詞「ながら」に「だ」が付いています。子供が言う「アッカンベーだ！」「イーだ！」では、「アッカンベー」や「イー」を感動詞と言うべきか、叫びの発話と言うべきか迷いますが、それらに「だ」が付いています。

　これらを見ていると、「「だ」は名詞類に付く」というこれまでの文法記述は、破棄すべき、いい加減なものに思えてくるかもしれません。たしかに、例外はこのようにいろいろとあります。しかし、「「だ」は名詞類に付く」というのはそれなりに意味のある記述です。なぜなら、以上に挙げた「だ」は、すべて低音調で発せられるからです。「だ」は、名詞類にはピッタリと付くけれども、名詞類以外に付く場合にはピッタリとは付かず、「すき間」つまり境界が残っている。その境界の直後に現れているので、判定詞の音調は境界音調のため低くなる、ということです。

　以上の話は、判定詞に限りません。音が短く、意味が具体性に乏しく、付属的な品詞のことば、たとえば格助詞や係助詞にも、やはり判定詞と同じことが観察できます。これらも、伝統的な文法記述によれば名詞類にしか付かないはずです。しかし実際は、名詞類以外に付くこともいろいろとあり

ます。たとえば、「行くがよい」では、動詞「行く」に格助詞「が」が付いています。「この国語辞典の第 3 巻は「乗る」から「巻く」まで」では、動詞「乗る」に格助詞「から」、動詞「巻く」に格助詞「まで」が付いています。ことわざの「言うは易く行うは難し」では、動詞「言う」や「行う」に係助詞「は」が付いています。「「乗る」も「巻く」も第 3 巻」では、動詞「乗る」や「巻く」に係助詞「も」が付いています。これらはすべて低音調です。境界音調によるものでしょう。

♀ 5　境界を越えてつなぐ意識

　以上では、「だ」に代表される、目立たないことばを、環境の様子を測定するリトマス試験紙のように使ってきました。リトマス試験紙は、酸性の溶液に漬けると赤くなり、アルカリ性の溶液に漬けると青くなります。つまり、溶液の性質を色で教えてくれます。リトマス試験紙と同じように、目立たないことばは、環境の性質を音調で教えてくれます。直前に深い境界がある環境では、目立たないことばは低く発せられるので、目立たないことばの低音調をたよりに、さまざまな環境を探ってきたわけです。

　ところで、環境は、話し手自身が作っていくものでもあります。そのことを感じさせてくれるのが接続詞です。接続詞の中には、「だ」を冒頭部に持つ接続詞があります。たとえば、「だから」「だが」「だけど」「だったら」「だって」「だというのに」「だとしても」などです。「です」を冒頭部に持つ接続詞も、「でしたら」「ですから」「ですけど」「です

が」「ですから」「ですので」など、いろいろあります。さらに、「だ」の連用形として「で」を認めれば、「では」や「でも」も含まれることになるでしょう。老人っぽい「じゃ」を冒頭部に持つ接続詞として、「じゃが」を加えてもいいかもしれません。これらの接続詞の音調を見てみると、すべて高音調で始まります。たとえば「だから」は「だ」が高く、「か」と「ら」が低いというように、冒頭部だけが高い、頭高型アクセントと言うことができます。

　「だ」「です」「じゃ」を冒頭部に持たない、他の接続詞には、高音調で始まるものもあれば、低音調で始まるものもあります。たとえば接続詞「けれど」は、「け」が高、「れ」「ど」が低の頭高型アクセントですから、高音調で始まります。その一方で、たとえば接続詞「しかし」は、最初の「し」が低、「か」が高、最後の「し」が低という、中ほどが高い中高型アクセントで、低音調で始まります。それなのに、「だ」「です」「じゃ」、つまり目立たないことばで始まる接続詞だけは、必ず高音調で始まります。

　接続詞は、文と文の境界という、非常に深い境界の直後に現れることばです。ではなぜ冒頭部の「じゃ」「だ」「です」の音調は、境界音調どおりの低音調にならないのか？

　それは、これらが接続詞、つまり話し手が「境界を越えて先行文脈につなぐ」意識で発することばだからでしょう。

　先行発話に寄りかかるようにして、格助詞から始まる発話も基本的に同じです。たとえば、次に挙げる電話対話を見てみましょう。

　　遅刻魔：待ち合わせは 4 時だったよね？
　　被害者：うん
　　遅刻魔：にーもし来てなかったらぁ、悪いけど、先に
　　　　　　行っててよ

　ここではまず、しょっちゅう遅刻する遅刻魔が、待ち合わ
せの時刻は 4 時でよかったかと問い合わせています。相手
つまり被害者が「うん」と応じると、遅刻魔は、もしその時
刻に自分が来ていなければ、自分を待たずに先に行っていて
ほしいと続けます。
　ここで注目すべきことは、その最後の発話が、格助詞
「に」から始まっているということです。格助詞から話し始
めるか？ と思う読者もいるかもしれませんが、この対話は
実際の対話に基づいたものです。この「に」は、意味的に
は、もちろん最初の「4 時」につながります。そんなつなが
りが可能なのは、遅刻魔の前半の発話「待ち合わせ〜」と、
後半の発話「にー〜」が、（被害者の「うん」発話で一応は
分断されていますが）意味的に一続きであればこそです。遅
刻魔は最初から「待ち合わせ時刻の 4 時に自分が間に合わ
なかったら先に行っていてくれ」と言いたくて、ただその話
の前提となる待ち合わせ時刻を、確認の形で持ち出したので
しょう。そして、この「に」は、高音調で発せられます。先
行している自分の発話「4 時」につなぐ意識で発せられるか
らです。
　同じことですが、次の対話では、客からの問い合わせに、
店員が応じる際、係助詞「は」から発話を始めています。

お客：じゃあ、これのお徳用……
店員：はー品切れ中なんです　すいません

　この店員の「はー」も高音調でしょう。先行するお客の発話「お徳用」につなぐ意識で発せられるからです。

ψ 6　非流暢な発話はブラックライトである

　以上の話は、少し込み入っていましたので（詳細はSadanobu 2021 を参照）、内容をまとめておきましょう。

　この章では、まず第 1 節で、非流暢なこま切れ発話を観察し、「文節末尾の判定詞「だ」「です」「じゃ」は低音調」という規則性を見出しました。次に第 2 節で、「目立たないことばは周囲の環境の要請に従う」という考えを導入し、第 3 節では「深い境界の直後にある目立たないことばの音調は境界音調で低くなる」という考えを導入して、「だ」「です」「じゃ」の低音調を説明しました。続いて第 4 節では、流暢な発話の中に、たとえば「動詞＋判定詞」のような、これまでの文法規則に合わない例外的なつながりがあり、そこに現れている目立たないことばが、決まって低音調であることを指摘して、これも境界音調の考えで説明しました。最後に第 5 節では、目立たないことばの音調が境界音調に従わず例外的に高音調になる現象を指摘し、それらが話し手の「境界を越えて先行文脈につなぐ」意識によるものだと説明しました。

　このような話をしている限りでは、非流暢な発話というものは、流暢な発話だけを眺めていてもなかなか気づきにくい

発話音調の規則性（境界音調）を気づかせてくれる、ちょっと便利な道具ぐらいに見えるでしょう。ちょうど、拭き取られた血痕を浮かび上がらせ、発見しやすくするために捜査官が用いる特殊光（ブラックライト）のようなもの、と言えばいいでしょうか。

　しかしながら、非流暢な発話は、もっと大きな「血痕」を見せてくれることもあります。「血痕」というより、「亀裂」という方が適当かもしれません。くわしくは、次の第9章で紹介しましょう。

―文献―
キャンベル、ニック（Nick Campbell）2006 「音声コミュニケーションによる気持ちのやり取り」音声文法研究会（編）『文法と音声』第5巻、pp.19-29、東京：くろしお出版
キャンベル、ニック（Nick Campbell）2010 「日常会話における気持ちの伝え方」林博司・定延利之（編）『コミュニケーション、どうする？ どうなる？』pp.114-137、東京：ひつじ書房
Crystal, David. 2007. *How Language Works: How Babies Babble, Words Change Meaning, and Languages Live or Die.* New York: Avery.
Sadanobu, Toshiyuki. 2021. "Is discourse made up of sentences?: Focusing on dependent grafted speech in modern standard Japanese." *Journal of Japanese Linguistic*, vol.3, issue 2, pp.151-180.

―読書案内―
定延利之 2021 「流暢・非流暢を問わない文法研究」『ことばと文字』14号、pp.4-12.
　非流暢な発話の音調の規則性が、流暢な発話にも通じる一般的なものであることが、くわしく述べられています。
定延利之・丸山岳彦・遠藤智子・舩橋瑞貴・林良子・モクタリ明子

（編）2024 『流暢性と非流暢性』東京：ひつじ書房
母語話者の非流暢な話し方はどのような特徴があるのか、母語話者の非流暢な話し方は会話の中でどのような効果を発揮し得るのかなど、さまざまな観点から流暢性と非流暢性について学ぶことができます。

9章　狩人の知恵とクマの知恵

　非流暢な話し方は、私たちの常識のひび割れ、あるいは破綻を、照らし出してくれることがあります。ここでは、その代表格を2つ紹介しましょう。

❧ 1　フィラー「さー」

　1つ目は、フィラー「さー」です。ここで「フィラー」（filler）というのは、たとえば「えーと」や「あのー」のように、話し手が何らかの問題を検討している最中に、間（沈黙）を埋めるように発せられる、意味がないと思われがちなことばです。

　さて、あなたが、フィラーの研究を志すとしましょう。手始めに、あなたは「質問に答える場合に、現代日本語の母語話者はどのようなフィラーを発するか」を調べようとします。そのために、会話の録音データをたくさん集めました。

　集められた会話データの中には、たとえば、「これいくらかなぁ？」「えーと百円」のようなものもあります。ここでは、「えーと」と言いよどんだ後に、［百円］という、相手が求めている情報がちゃんと出てきています。

　データの中には、相手が求めている情報が出てこないものもあります。「これいくらかなぁ？」「えーとちょっとわか

りません」のようなデータです。

　これらのデータを併せて考えると、「えーと」というフィラーは、相手が望む筈がちゃんと出てくる発話にも現れるし、相手が望む筈がちゃんと出てこない発話にも現れる、という観察結果が得られます。

　当たり前だ、とあなたは思うでしょう。というのは、「えーと」はフィラー、つまり考え中のことばだからです。相手が望む筈が出てくるか、出てこないかは、考えてみないとわからない。そして、「えーと」のようなフィラーが発せられるのは、考えている最中なのだから、「えーと」の後の展開としては、筈が出てくる場合も、出てこない場合もあって当然だ、と考えるからです。

　「えーと」の観察を終えたあなたは、今度は、フィラー「さー」を観察し始めました。すると、「えーと」とは違った結果が得られました。

　「さー」は、相手が望む筈が出てこない発話には現れます。つまり、「これいくらかなぁ」「さーちょっとわかりません」のようなデータは豊富に出てきます。が、他方、相手が望む筈が出てくる発話には現れません。「これいくらかなぁ」「さー百円」のようなデータはありません。つまり「さー」は、相手が望む筈が出てこない場合専用のフィラーだ、というところまで観察は進みました。

　とたんに、あなたは、うろたえ始めます。「データが足りなかったんだ」「見落としたのかもしれない」など、あれこれと理屈をつけて、「「さー」は相手が望む筈が出てこない場合専用のフィラー」という、せっかくの自分の観察を撤回

しにかかります。

　なぜでしょう？

　「発話するとは、情報を相手に伝達することだ」と思って
しまっているからです。

　発話とは情報の伝達なのだ。だからフィラーとは、［私は
考えています。考えごとの最中です］という情報を伝達する
ことばなのだ。だから、相手が望む答が出てこない場合専用
のフィラー「さー」とは、［私は、考えてもあなたが望む答
が出てこない考えごとの最中です］という情報を伝達するこ
とばなのだ。あれ？　おかしい。こんな馬鹿なことをわざわ
ざ相手に伝えるはずはない！　と、考えてしまうからです。

　「さー」が、考えてもちゃんとした答が出てこない場合専
用のフィラーだというあなたの観察は、事実そのとおりで
す。事実と考えが合致しない時は、事実の方を尊重して、考
えを修正すべきです。でないと、あなたのフィラー研究は終
わってしまいます。天文学者が「最近の星はどうも乱れてい
る」と言って、事実ではなく、自分の考えた天体運動の方程
式を尊重しだしたら、もう研究者（天文学者）でなくなるの
と同じです。

　では、「さー」の観察を撤回しにかかってしまったあなた
は、どこで間違ってしまったのでしょうか？

　「私は、考えてもあなたが望む答が出てこない考えごとの
最中です」と誰かに言うことは、普通はまずないでしょう。
（もしあったとすれば、それは相手を愚弄する発話でしかな
いでしょう。）しかし「さー」は、愚弄ではない、まともな
発話として、日本語社会に存在しています。これらが示して

いるのは、「さー」と言うことと、「私は、考えてもあなたが望む答が出てこない考えごとの最中です」と誰かに言うこととは、全くの別物だ、ということです。

ところが、これら２つの発話の違いは、「発話とは情報の伝達」で「フィラーとは情報［わたしは考えごとの最中］の伝達」だと考えるかぎり、見えてきません。ということは、どういうことか？「発話とは情報の伝達」で、「フィラーとは情報［わたしは考えごとの最中］の伝達」だと考えた、まさにそこから、間違いは始まっていたということです。

発話に限らず、一般にコミュニケーション行動は、情報の伝達に終わるものではありません。とりわけフィラーはそうです。フィラーは、伝えることばではありません。相手の前であからさまに問題を検討することばです。（日常語で「あからさまに」と言えば意図的な行動になりますが、ここでは必ずしも意図的ではないもの、たいてい非意図的なものと考えてください。第７章で紹介した「あからさま」と同様です。）

「さー」ということばは、伝えることばではありません。考えてもちゃんとした答が出てこない問題を、相手の前で、あからさまにダメ元で考える行動です。

もちろん、相手の前で何を言い、どんな表情、しぐさをしたところで、それは相手の目や耳に、視聴覚信号となって伝達されます。しかし、それはコミュニケーションの話ではありません。１人きりで海辺に行けば、コミュニケーションはなく、ただ波の色や音が、視聴覚信号となって目や耳に伝達されるといった、コミュニケーション以前の、身体と環境と

の情報のやり取りの話です。それは「通信」とは言えるかもしれませんが、人文系の研究者が取り組まねばならない「付き合い」の話ではありません。「通信」も「付き合い」も、英語では "communication" になってしまいますが、中国語では前者は "通訊（tōngxùn）"、後者は "沟通（gōu tōng）" または "交流（jiāoliú）" と区別されます。両者は別物です。

　再び言いますが、「さー」は、伝えることばではありません。話し手が相手に何かを伝えようとしなくても、聞き手は環境と情報をやり取り（通信）していますから、勝手に聞き手に伝わります。「さー」の話し手がコミュニケーション行動として何をしているのかというと、相手の前で、あからさまに、ダメ元で考えているだけです。

❦ 2　前触れ説の誤り

　さて、フィラー研究者のあなたが、なんとか「さー」を理解しようとがんばっている時に、この上なく魅力的に見え、思わず飛びつきたくなる考えがあります。それは、「さー」は実はフィラーではなく、前触れのことばなのだ、という考えです。この考えを「前触れ説」と呼ぶことにします。

　《実は、「さー」と言う時点で、話し手の心内では、考えごとはすでに終了しているのだ。あとは、この悪い結果［わからない］を聞き手に伝えるだけである。しかし、こんな悪い、悲しい知らせを聞き手にいきなり告げると、聞き手はショックを受けてしまうかもしれない。そこで、話し手は聞き手のショックを和らげるために、「あなたに悲しいお知ら

せがあります」という前触れのことばとして、「さー」と言うのだ》、というのが前触れ説です。いかにも耳障りよく、もっともらしく思えるかもしれません。

　しかし、前触れ説は明らかに間違っています。その根拠を2点挙げておきます。いずれも、現実のコミュニケーションを見ればすぐわかることです。

　第1の根拠は、「さー」と言った後、話し手は「考えごとの最中」のフィラーをさらに続けられる、ということです。実例を1つ、（簡略化して）示してみましょう。

　　女性：ねーねー　植民地にねー　なる国とね、ならない
　　　　　国の差ってのはどこにあると思う？
　　男性：さーうーんー　どこにあんにゃろねー　んー
　　　　　　　　　　　　　　[音声：https://www.speech-
　　　　　data.jp/sadanobu_book/yawarakai/]

　この対話では、女性の質問に対して、男性は「さー」と言った後、「うーんー」と続けて、「どこにあんにゃろねー」（どこにあるんだろうねー）と言い、さらに「んー」と言っています。「さー」と言うのが悲しいお知らせの前触れであるのなら、その後に続くのは、「わからないねぇ」のような悲しいお知らせのはずです。しかし実際にはこの例のように、考えごとの最中のフィラーが続くことが珍しくありません。話し手は、「さー」を発した後に、まだ（ダメ元で）考え続けることがあるということです。

　第2の根拠は、「さー」と言う際の話し手のジェスチャー

には、「考えごとの最中」としか思えないものがあるということです。首を傾げたり、あごに触ったりするのは、問題を考えているジェスチャーでしょう。これらを「あなたに悲しいお知らせがあります」と告げるジェスチャーだと考えるのは、無理があるでしょう。

❦ 3　狩人の知恵とクマの知恵

　以上で見たように、「さー」の前触れ説は間違っています。だというのに、この説は、ともすれば魅力的に見えてしまいます。なぜでしょう？

　それは前触れ説が、「発話とは情報の伝達だ」という考えだけでなく、「発話には必ず意図がある」という考えにも沿うからです。これら 2 つの考えは、世間じゅうに広く深く浸透しています。学界でも、これらの考えに同調する、というより何となくそう思ってしまっている研究者は、少なくありません。前触れ説を持ち出されると、飛びつきたくなるのは、これらの考えに合っているからです。

　しかし、これらの考えは、いずれも問題を含んでいます。「発話とは情報の伝達」という考えが、十分なものではないということは、すでに示したとおりです。「さー」のような、伝えることばではないことばが存在する以上、情報伝達という考えは、すべての発話をカバーしきれてはいません。そして、「発話には必ず意図がある」という考えも、やはり完全に正しいわけではありません（第 2 章を参照）。

　これらの考えを無条件で認めてしまうと、どうなるでしょうか？　狩人の知恵とクマの知恵を同一視することになりま

す。

　ここに、クマを狩って何十年という狩人がいるとします。いま、狩人は、地面に残ったクマの足跡を目にして、足が地面へめり込んだ深さや、指の跡の太さなどをつぶさに観察し、「この足跡は、このクマの肉がいま最高にうまいことを示している」と言ったとします。ここで披瀝されているのは、クマの生活を外部から観察してきた末に見いだされた、狩人の知恵です。その知恵は、当たっているかもしれませんし、外れているかもしれません。いずれにしても、この発言は、狩人の知恵を披瀝する発言として、おかしなものではありません。しかし、たとえこの狩人の知恵が当たっているとしても、「このクマはこの足跡で、自分の肉がいま最高にうまいことを示している」と言うのはおかしな話です。当のクマは、足跡と肉の味の相関など何も知らないでしょうし、知ったとしても、「自分の肉がいま最高にうまい」などという物騒なことは、誰にも（他のクマにも人間どもにも）知らせたくないでしょう。狩人の知恵とクマの知恵は同一視できません。

　このたとえが示しているのは、或る者（クマ）の運動（歩行）と、その者（クマ）の内部状態（肉の味）の間に、外部の観察者（狩人）が見出した対応法則（この歩行は肉の味が最高にうまいことを示している）がたとえ正しいとしても、それを「当事者（クマ）の意図的な伝達」という枠組みにはめ込んでしまうと、おかしなことになってしまう、ということです。話し手の運動（発話）と、話し手の内部状態（心内の状態）の間に、外部の観察者（日本語を客観的に眺める研

究者のあなた）が見出した対応法則（「さー」という発話
は、相手が望む答が出てこないことを示している）が正しい
としても、それを「話し手の意図的な伝達」という枠組みに
はめ込んでしまってはならないでしょう。

　前触れ説はまさにこれをやってしまっています。間違った
説であるにもかかわらず、伝達と意図の構図を何となく認め
てしまっていると、この説に飛びつきたくなるというのは、
そういうわけです。

　伝達と意図の構図を前提にした「伝え合い」型のコミュニ
ケーション観は、言語の世界を 1 歩出るとうまくいかない
と、人類学者・北村光二氏は次のように指摘しています。

　　　言語を中心に考えられたコミュニケーションのモデル
　　は、たとえば「送り手の意図に基づく情報の伝達」とい
　　ういい方に代表されるものであるが、これが身体的コ
　　ミュニケーションの典型的な事例にうまくあてはまらな
　　いのである。　　　　　　　　　　　　　　［北村 1988: 42］

　そして実は、言語の世界を 1 歩出なくても、つまり言語
の世界においても、「伝え合い」型のコミュニケーション観
は、研究者の目を曇らせ、思考を空転させてしまうことがあ
ります。フィラー「さー」に限らず、非流暢な発話は、その
ことを端的に示してくれます。これは、フィラーのような非
流暢な発話を見ることが、文法記述の単なる拡充だけでな
く、文法記述が前提とする発話やコミュニケーションの考え
方を進める上でも大きく貢献する、ということです。

♀ 4　それ以上非流暢にならない非流暢な発話

　非流暢な発話が生み出す、もう1つの大きなインパクト
は、誤用の可能性に関するものです。非流暢な発話に代表さ
れる、これまで周辺に追いやられていたことばは、母語話者
にとっては「誤用不可能」です。

　たとえば、「123 足す 456 は？」とたずねられ、計算に
手間取り、言いよどみつつ答えるという場合は、「えーと
579」のように、パターンが決まっています。このパター
ンを踏み外して、別のフィラーで「そのー 579」などと言
いよどむことは、母語話者はありません。また、「えーと」
ということばが思い出せず、「えーと」ということばを探す
のに手間取って、「あのー、えーと 579」あるいは「そ
のー、えーと 579」などと言うこともありません。

　母語話者であっても、私たちの多くはスラスラと流暢には
話せず、「えーと」「あのー」とフィラーを発するなどして、
非流暢に話します。しかし、そのフィラー自体の発話に限っ
ていえば、その場その場の状況に応じて、適切なフィラーが
即座に、つまり流暢に発せられます。フィラーの発せられ方
は極めて流暢です。

　フィラーだけでなく、つっかえも同様です。たとえば、新
しく引っ越してきた隣人に元の住居をたずねたところ「ブラ
ジル」と言われ、驚きのあまりつっかえる場合は、「ブ、ブ
ラジル！」のように、音を「ブ、」ととぎれさせ、次いで、
初頭に戻って「ブラジル」と言い直すものと、パターンが決
まっています。以下ではこのパターンを「とぎれ型・初頭戻
り方式」と呼んでおきます。驚いてつっかえるのに、このパ

ターンを踏み外して、「ブーラジル！」などとつっかえることは、母語話者はありません。これは音を「ブー」のように伸ばし、次いで、初頭に戻らず残りの部分「ラジル」をそのまま続けるパターンです。このパターンを「延伸型・続行方式」と呼ぶことにすると、母語話者は驚いた際に「ブラジル」という名詞を非流暢につっかえて発することがあるけれども、その非流暢なつっかえ方自体は延伸型・続行方式などではなく、「驚き」という自身の態度にちゃんと合ったとぎれ型・初頭戻り方式であり、つまり母語話者はつっかえを適切に、流暢に実践していることになります。

　前章で取り上げた、こま切れ発話にしても、同じことです。「人がだなぁ、いっぱいだなぁ、いてだなあ、」「人ですね、いっぱいですね、いてですね、」「人がじゃのぅ、いっぱいじゃのぅ、いてじゃのぅ、」と言う際に、「だ」「です」「じゃ」を高い音調で言ってしまうことは、母語話者はありません。類例は枚挙にいとまがありません。

　非流暢なことばの誤用は、日本語学習者にはあり得ても、日本語母語話者にはあり得ないことです。幼少期にはよく間違えていたが学校に行くようになって直ってきた、といったこともありません。幼少期にがっちりと習得されて、その後は生涯間違えない。その意味で「誤用不可能」なものです。

　この誤用不可能性も、意図性の枠組みでは説明できません。意図される行動は、時として意図どおりにいかず、間違ってしまいます。誤用不可能なことばとは、「使おう」と意図することばではなく、むしろ場面・状況の中で身をまかせる行動の流れの型として理解すべきでしょう。

社会的ロボティクスの研究者・岡田美智男氏は、このような誤用不可能なことばを「自動的なことば」あるいは「日常的なことば」「身体化されたことば」と呼んで、次のように「意図的なことば」と区別しています。

　　状況と話し手の発動性とがかみ合ったときに、ことばが自然に滑りだしてくる。こうした発話を自動的なことばとよび、意図的なことばと区別する。それらは機能として局在化しており、むしろ日常的なことば、身体化されたことばは壊れにくいという。これは失語症の研究などの神経心理学の分野において「自動性―意図性乖離（かいり）の法則」とよばれているものである。

[岡田 1995: 63]

　ここで述べられているのは、専門的には「バイヤルジェ‐ジャクソン（Baillarger-Jackson）の法則」と呼ばれているもので、失語症になっても自動的なことばは失われにくいということです。誤用不可能性とは、ことばが極めて強固に獲得されることですから、失われにくいことと符合しています。
　日々覚えては忘れ、忘れては覚えて、使い、使い間違え、また忘れていく、「財務会計システム」のようなことばのことなら、我々はかなりよく知っています。しかし、それがことばのすべてではありません。ことばには、そもそもそういうあり方をしていない、別物があるということです。その典型例として、非流暢なことばは我々の前に存在しています。

━━ 文献 ━━

岡田美智男　1995　『口ごもるコンピュータ』東京：共立出版

北村光二　1988　「コミュニケーションとは何か？」『季刊 人類学』
　　第 19 巻第 1 号、pp.40-49.

━━ 読書案内 ━━

定延利之・丸山岳彦・遠藤智子・舩橋瑞貴・林良子・モクタリ明子
　　（編）2024『流暢性と非流暢性』東京：ひつじ書房
　　母語話者流の非流暢な話し方を学習者に教えたらどうなるか、健常
　　者の非流暢性は言語障害者の非流暢性とどう違っているのか、AI
　　が非流暢に話したらもっと人間らしく聞こえるのではないかなど、
　　流暢性と非流暢性について広い視点から学ぶことができます。

10章 人々の声

　人間にとって基礎的な言語は音声言語だと、言語学者は繰り返し述べてきました。本当にそうだろうか？　と思う方は、第8章を読み返してください。

　ということで、人々の声を聞いてみましょう。

⚘ 1　空気すすり（定延 2005）

　ここで「空気すすり」というのは、ソバをすするように空気をすする行動のことです。両唇や上の歯茎、そして舌先などの間に細い隙き間を作り、空気を吸って、摩擦で音を立てる発話行動を指しています。

　日本語の社会では、空気すすりは、「えーと」「あのー」などと同じように、話し手が何らかの問題を考えている場合に、フィラーとしておこなわれます。それ以外に、恐縮している場合にもおこなわれることがあります。ところが中国語の社会では、親が子供を叱る際に空気をすすることがあるように、空気すすりの意味には言語によって違いがあります。

　空気すすりが教えてくれることは、まだあります。それは、「重要なのは音声自体ではない」ということです。

　両唇や上の歯茎、舌先などで細い隙き間を作って、息を吸う代わりに、息を吐いても、同じような音声は出せます。で

も、それでは駄目で、この音声は、息を吸って（つまり空気をすすって）出さなければならない。重要なのは、音声というモノではなく、発話という行動だということです。

　してみると、私たちの発話を、息を吸ったり吐いたりしている身体から切り離して、完全にモノとしてとらえることには、どうも無理があるようです。

✿ 2　ドリフトイントネーション（定延 2019）

　ある方向、たとえば向かって左側に突進するはずの人物が、まず反対側つまり右側に体を傾け、あるいは右側に 1 歩進みさえし、その上で左側に突進するということは（図 1）、現実世界では普通ありません。

図 1：左方に突進しようとして（上）、まず右に体を動かした上で（中）、　　左に突進する（下）

しかし、『ロードランナー』『トムとジェリー』その他の
アニメの世界では、これはよくある走り方で、昔から違和感
を持たれることもなく観客に親しまれてきました。

　このような、実際にはあり得ないマンガの登場人物たちの
走り方は、車の「ドリフト走行」に似ています。「ドリフト
走行」とは、どういう走り方か？　図を使って紹介しましょ
う。対比のために、まず、ドリフト走行でない「普通」の走
行を確認しておきます。

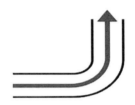

図２：ドリフト走行でない左折

　たとえば、左カーブにさしかかった車が、そのままコース
どおりに素直に曲がると、図２のようになります。これは
ドリフト走行ではありません。ドリフト走行とは、図３の
ような走行です。

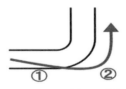

図３：ドリフト走行での左折

　まず、カーブにさしかかるまでは、図３の①のように、曲がる方向とは逆の、右方向に進みます。すると、その後に曲がるべきカーブは、直角よりももっと急なヘアピンカーブに近づきます。

　次に、カーブにさしかかったら、すぐに曲がり始めるのではなく、なんとか曲がれるギリギリのところでまで進んで、そこでようやく急ハンドルを切ります。すると車体は曲がりきれずに路面を横滑りした後、ようやく左方向に進む、というのがこの走行です。図３の②では、コースからはみ出すほどカーブが遅れているので、そんな馬鹿なと思われるかもしれませんが、ガードレールがなく段差もない砂地コースの場合、実際にコースからはみ出す派手なドリフト走行もあります。（なお、ドリフト走行は競技大会もおこなわれていますが、一般道では危険なので禁止されています。）

　まとめますと、ドリフト走行は、①通常とは逆方向に進んだ上で、②遅れてコースと同じ方向に曲がる、という２つの特徴を持っています。

　これら２つの特徴は、図１の人物も満たしています。つまりドリフトというのは、車の運転に限らず、人間のさまざまな行動に適用可能な「遊び」だということです。

　同じ「遊び」が発音という行動にあってもおかしくないでしょう。私はこれを「ドリフトイントネーション」と呼んでいます。ドリフトイントネーションとは、①決められたコース（音調の下降または上昇）とは敢えて逆に進み、②コースどおりの音調の下降や上昇を遅らせるという「遊び」です（図４）。

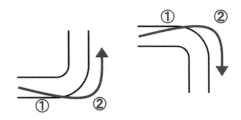

図４：ドリフトイントネーション

（右は上昇コースの場合、左は下降コースの場合）

　上昇コースと下降コースの例を１つずつ挙げてみます。

　まず、上昇コースの例です。疑問詞の「なに」は、多くの疑問詞「いつ」「どこ」「だれ」「どう」「どっち」などと同様に、頭高型のアクセントで、一般には「な」が高く、「に」が低く発音されます。

　相手に軽く問う「なにぃ？」の場合も、この頭高型アクセントがそのまま音調に反映されて、「な」が高く「に」が低く発せられ、その後で、「に」の母音「い」が長く伸ばされ、音程が疑問の上昇調イントネーションにより低音から高音に上昇します。「な」が高音、「に」が低音、「ぃ」が再び高音、と言えば近いでしょうか。ここでは、語のアクセント（「なに」）と、上昇調イントネーション（「にぃ」）が並ぶ形で、平和共存しています。

　しかし、強い疑問のきもちで発せられる場合は、もはや平和共存はありません。強い疑問のきもちと結びついた上昇調イントネーションは、やはり強いからです（定延 2013）。

　上昇調イントネーションは「なに」の頭高型アクセントを

閉め出してしまい、発話全体の音調が上昇一色になります。あえて文字で書けば、「な」が低く、「に」が高く、「い」がもっと高い、という感じです。男性が、なんだと、と色めき立って言う「なにぃ！」は、この音調です。

　さて、この上昇コースの「なにぃ！」の「な」を、コースの方向とは逆の方向で、つまり下降調イントネーションで始めてみましょう。うんと高いところから徐々に低くなるように、ゆっくり「んんぬぅわああ」と下げていきます。そして、次の「に」はいきなり高くせず、「んんぬぅわああ」の最後の低い音から、「にぃぃぃ」のようにゆっくり上昇すると、①上昇コースとは逆に下降し、②上昇を遅らせるという2つの特徴を備えた、大げさで、遊びがかった、ドリフトイントネーションの「んんぬぅわああにぃぃぃ！」ができ上がります。このフレーズを多用していた「クールポコ」というお笑い芸人を思い出された方もいるかもしれません。

　次は、下降コースからはみ出すドリフトイントネーションの例です。納得の発話を挙げてみます。

　納得とは、謎が解けて緊張状態から平静状態に移行する心情です。納得の感動詞の音調はこのことを反映し、「ああ」「なんだ」など、高から低への下降調となるのが一般的です。これは、納得の感動詞の発話は下降コースだということです。

　この下降コースの前に上昇調イントネーションを加え、つまり発音を低い音調で始めて徐々に高くし、そしてその後に遅れて下降して低く終わると、「ああーあ」「なぁーんだ」という発話になります。警戒していた相手が大したことがな

いとわかった、というような、安堵の弛緩という意味合いが出てきます。これも「遊び」でしょう。

発音という行動は、さらに、人間の他の行動と比べてみる必要がありそうです。

✿ 3 りきみ（Sadanobu 2004）

りきみについては、第7章で、体験者の声として取り上げました。これは、たとえば「あの橋ですか？ **んな、が、い、で、す、よー**」などと、かつてその橋を実際に渡ってみて、その長さに驚きあきれた体験者が、いま聞き手の前で再度、りきみ声で驚きあきれてみせるということでした。

しかし、りきみには、体験者の声とは考えられないものも実はあります。たとえば、架空の橋を持ち出す発話「**ながー**あい橋が仮にあったとして」の、「**ながー**」の部分は、りきむことが可能です。「仮にあったとして」と自分で断っている以上、話し手はこの発話を、その橋の長さに驚き呆れ感心した体験者としておこなっているわけではありません。それなのに話し手は、「ながー」の部分をりきむことができます。この場合りきみ声は、体験者の声ではなく、「とても長い」の「とても」とあまり変わらない、凡庸な「強調の表現」に成り下がってしまっています。

なぜでしょう？ それは、りきんでいるのが、修飾語句だからです。「長いですよー」は主節であって、修飾語句ではありません。これに対して「長い橋」の「長い」は、名詞「橋」を修飾している修飾語句です。修飾語句という文法環境では、体験者として改めて驚きあきれてみせるきもちは薄

れてしまいます。

　同じことは、りきみ声だけでなく、イントネーションにも
観察できます。たとえば「な<u>が</u>い、な<u>が</u>い」という発話を考
えてみましょう。前半の「な<u>が</u>い」を全体に低く言い、後半
の「な<u>が</u>い」を前半の「な<u>が</u>い」よりも全体に高く言えば、
はいはいわかりました長いです、短いと言っていた私の負け
です、長いですよ、やれやれというような、不承不承のきも
ちの「な<u>が</u>い、な<u>が</u>い」ができあがります。しかし、これを
「な<u>が</u>い、な<u>が</u>い橋」のような、名詞「橋」を修飾する構造
に入れてみるとどうなるでしょうか？「長い、長い橋があり
ました」と、物語を始めるような発話になります。ここでは
不承不承というきもちはどこかへ消えており、結果として
「とてもながい」とあまり変わらない「強調の表現」に堕し
てしまっています。

　これは、修飾部という文法環境は、きもち全般を消してし
まう環境だということです。文法というと、きもちの現れに
は関係しない堅いものと、とかく考えられがちですが、それ
は間違いです。きもちの現れに関係しないのは修飾部という
環境であって、文法は発話のすべてに関わります。

♆4　口をとがらせた発話
　　（定延・林 2016、朱・定延 2016）

　「口をとがらせてものを言う」といえば、幾分子供っぽ
い、不満による抗議を指す表現と相場は決まっています。し
かし、現実のコミュニケーションでは、大人が恐縮しながら
話す際にも、口はとがることがあるようです。具体的な例を

1つ紹介しましょう。

　私がここ12年ほど、いろいろな人たちの「面白い話」を
集めているということは、第1章でお話ししたとおりです。
その中の1つ、2011年度の作品47番「社長の靴下」を
見てみましょう（写真1）。

**写真1：「わたしのちょっと面白い話」2011年度作品47番
「社長の靴下」の1場面**

[http://www.speech-data.jp/chotto/2011/2011047.html]

　この話の2分43秒あたりから3分30秒あたりにかけ
て、女性の話し手（写真中央）が一人二役で再現しているの
は、或る会社の部長と、その部長を訪ねてきた別会社の社長
との対話です。会社どうしの関係によるものか、ここでは部
長が社長より上位者として語られているということに注意し
てください。

　この「対話」の焦点は、下位者がズボンの片方の裾を靴下

158

の中に入れたままやってきたという珍事です。「社長、最近
流行のファッションとかあるのか？」というあたりからやん
わり問いただして、「あんたはズボンがおかしなことになっ
ているぞ」という核心の指摘に至るまでの上位者の発音は
「普通」の発音です。しかし他方、部長の問いに対して「い
や自分はファッションには疎いもので……」などと答える社
長の発音は、全体に口をとがらせたものになっています。

　この部長と社長の対話には、感動詞「いや」で始まる発話
が合計４つ現れています。部長の発話としては、「いやいや
いや、近頃ー、街でー何か服とか何か流行ってるー何か
ファッションとか、あんのー？」（２分49秒〜２分56秒
あたり）があります。また、社長の発話としては、「いやー
はやー私ファッションーなんかに、うといんですわー」（２
分57秒〜３分01秒あたり）、「いやーそれはー」（３分
09秒〜３分11秒あたり）、「いやいや私そんなー」（３分
15秒〜３分16秒あたり）の３つがあります。部長の発
話と違って社長の発話は口がとがっているという観察は、あ
くまで発話全体についてのものですが、この観察が、発せら
れる語の違いや発話内位置の違いによるものでないというこ
とを示すために、発話冒頭の感動詞「いや」の口唇の形状を
比べてみました。４つの「いや」発話の様子をそれぞれ捉え
た、連続写真１を見てください。

連続写真 1：発話冒頭で感動詞「いや」が発せられる様子

（上から順に（a）（b）（c）（d）で、（a）は部長役、（b）（c）（d）は社長役。話し手の背後に写っている縦縞はカーテン）

　このうち、最上段にある（a）は、部長役でなされた発話の冒頭部「いやいやいや」のうち、最初の「いや」が発せられる様子を6枚の連続写真で示したものです。これに対して2段目以降の（b）（c）（d）は、社長役でなされた発話の冒頭部の「いや」の様子を、やはり各6枚の連続写真で示したものです。以上の連続写真（a）〜（d）をそれぞれ動画の形に戻して（ただし音声はありません）、大学生37名に見せ、「画面に映った話し手の口の横幅が最も広いもの」を選ばせると、大多数の34名が（a）、つまり部長役で発せられている「いや」を選びました。社長役で発せられている「いや」（（b）（c）（d））は、「話し手の口の横幅が比較的狭い」と多くの大学生に判断されたことになります。口がと

がっているから横幅が狭いのでしょう。このように、口をとがらせる発話には、年輩の大人（いまの例なら社長）が上位者（部長）に対して恐縮しながらおこなうものがあります。

　実は、大人の恐縮発話でも、子供っぽい不満表明の発話でも、口のとがらせ方自体は同じです。違っているのは喉仏（喉頭）の位置で、これは不満表明発話では高く、恐縮発話では低い位置に来ます。つまり「いやーそれはちょっとー」と言う際に、口をとがらせるだけでなく、低くりきんで言うと、大人っぽい恐縮の発話に聞こえやすいということです。では、子供っぽい不平不満にも大人の恐縮にもなる「口のとがらせ」という行動は、一体どんな意味を、なぜ持つのでしょうか？　謎は尽きません。

❦ 5　口をゆがめた発話
（定延・林 2016、朱・定延 2016）

　現代日本語には「口をゆがめ（て罵る）」という慣用句もあります。これは、強い嫌悪・侮蔑のきもちで他者を罵る様子を表す慣用句です。しかし現実の発話を観察すると、口をゆがめた発話は、嫌悪・侮蔑の情で他者を罵る場合だけでなく、嫌悪・侮蔑の対象になっている人物の話しぶりを演じてみせる場合にも見られるようです。

　具体例として、「わたしのちょっと面白い話」2011 年度の作品 66 番「ミーハーな母」を見てみましょう。ここでは女性の話し手が、自身の 70 歳を越える母親がいかに軽薄な「ミーハー」であるかを語っています。そのうち 2 分 54 秒〜 3 分 16 秒あたりで述べられているのは、「仮に日本が明

日滅びるなら何がしたいか？」と母親に訊ねたところ、呆れたことに母親は、東京へ行って、ある二枚目俳優を探し当てて抱きつきたいと答えた、という逸話です。

　話し手はこの母親の発言を直接引用して、つまり母親役になってその発言を実演してみせています。「東京へ行って〜」という発言が実演され始める様子を 6 枚の連続写真 2 (a) に示します。

　実演をしてみせた後、話し手は「って言うんです」と自身の立場に戻り、さらに「ああそこまでか、そこまでかーと思って」と笑顔で続けています。これは、我が母はその二枚目俳優のことをそれほどまでに好きなのか、呆れたと述べたものでしょう。この発言のうち、最後の「そこまでかーと思って」の「と」が発音される様子を、前後も含めて連続写真 2 (b) に示します。この 6 枚の連続写真のうち、1 枚目や 2 枚目では「か」の母音 /a/ が続いていて、最後の 6 枚目では「思（おも）って」の「も」の発音に向けて両唇が近づいています。その間のどこかに「と」はあるのでしょう。

連続写真 2：「と」が発せられる様子
（上から順に (a)(b) で、(a) は母親役、(b) は自身）

　これらの連続写真のうち、（a）では（b）と違って、話し手の両眉がつり上がり、口元は下唇が突き出されています。そして口も、音声なし動画を観た大学生 37 名のうち 28 名の判断によれば、（b）よりも（a）の方が大きくゆがめられています。

　元々この母親がゆがんだ口をしている、あるいは口をゆめた話し方をしているという可能性も、全くないわけではありません。しかし、母親を見知っているはずのない聞き手たちに、話し手がいきなり母親の形態模写をしてみせたという解釈は自然さに欠けるでしょう。

　以上では、口をゆがめる発話の中には、嫌悪・侮蔑（あるいは些細な呆れやからかい）の「対象」である人物（いまの例なら話し手の母親）の発言を実演してみせるものがあるということを示しました。

　が、それにしても、他者を非難する発話だけでなく、その他者の呆れた発話を再現する際にも、口がゆがめられるのはなぜでしょう？

　お菓子屋を覗いてみると、和菓子屋と違って洋菓子屋では、決まって妙齢の女性の売り子が、独特の売り声を発しており、特にトワング（twang）という声質の声が人気です（Sadanobu, Zhu, Erickson, and Obert. 2016）。しかし、音声学者のジェーン・セッター（Jane Setter）によれば、トワングな声質は英語圏では、カントリー、ブルス、ソウル、ロックなどの歌手の典型的な声質です（Setter 2019）。その声が、なぜ日本で、ケーキの売り声になるのでしょう？

私たちの日常の声、街の声の謎は、まだまだ尽きません。

♆ 6　「編み出し」の民族誌へ

　こうした日常の声、街の声の謎について「枝葉末節の断片的な現象」「興味本位で追って何になるの？」といった否定的な印象を持たれた読者もいるかもしれません。しかし実は、これらの謎は、ことばの本質と結びついています。

　ことばは、意味にしても音韻にしても、しばしば「切り分けられたもの」とイメージされます。たとえば、現代言語学の父と言われるフェルディナン・ド・ソシュール（Ferdinand de Saussure）は、ことばを図5のようにとらえています。

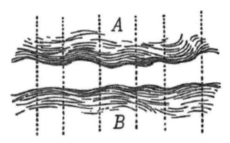

図5：ソシュールの考える「ことば」（言語記号）
[Saussur 1949, 小林（訳）1972: 158]

　この図では、Aは茫漠たる観念を表しており、Bは無数の音声を表しています。点線が6本、縦に走り、AとBはそれぞれ細かく（図5ではたまたま7つに）切り分けられています。このように切り分けられたAの1つ1つが「意

164

味」であり、切り分けられたBの１つ１つが「音韻」で
す。この意味と音韻が合体したのが、ことば（言語記号）
だ、というのがソシュールの考えです。

　ソシュールと同時代の言語学者イェルムスレウ（Louis
Hjelmslev）も、やはりことばを「切り分け」のイメージ
でとらえています。図６は、イェルムスレウがことばの意
味について挙げた図です。この図では、デンマーク語社会
（左）、ドイツ語社会（中央）、フランス語社会（右）におけ
る樹木関連語の意味領域が示されています。

	Baum 木	arbre 木
træ 木, 木材	Holz 木材	bois 木材, 森
skov 森	Wald 森	
		forêt 森
〔デンマーク語〕	〔ドイツ語〕	〔フランス語〕

図６：イェルムスレウが考える「ことばの意味」
[Hjelmslev 1943, 竹内（訳）1985: 64]

　ここでは、ことばによって指し示される、木や木材や森と
いった意味は、デンマーク語社会・ドイツ語社会・フランス
語社会で共通しているものとされています。違っているのは
その切り分け方です。デンマーク語では "træ" と "skov"
の２つに切り分けられていますが、ドイツ語は "Baum" と
"Holz" と "Wald" の３つに、フランス語でも "arbre" と
"bois" と "forêt" の３つに切り分けられています。ドイ

ツ語とフランス語の切り分け方は部分的には一致するところがあり、ドイツ語 "Baum" とフランス語 "arbre" の意味の範囲は等しいとされています。しかし、ドイツ語 "Holz" とフランス語 "bois" や、ドイツ語 "Wald" とフランス語 "forêt" は、意味の範囲がずれているとされています。デンマーク君とドイツ君とフランス君にそれぞれ同じピザを1枚ずつ与えて、自由に切り分けさせたような図と言えばいいでしょうか。イェルムスレウは、音韻（表現）についても意味と同様と述べていますので、結局はソシュールと同じく、ことばの意味も音韻も、「切り分けられたもの」としてイメージしていることになります。

　しかし、ことばによって指し示される意味が、異なる社会どうしの間で共通しているというのは、本当でしょうか？

　ためしに、図6に日本語社会を加えてみたら、どうなるでしょう？　日本語の「割り箸」ということばの意味は、この図のどのあたりに位置づけたらよいでしょうか？　答は見つかりません。割り箸は、そもそもデンマーク語社会・ドイツ語社会・フランス語社会の人たちの想像の外にあります。これは、日本語社会の人々がイメージしたものです。

　ことばの意味とは、事物それ自体ではありません。それぞれの言語社会の暮らしの中で、人々が編み出してきたイメージです。多かれ少なかれ似たことばが他言語にあるとしても、根本的には、個々の言語社会に生きる人々が鋭敏な感覚と奔放な想像力で、他の言語社会の人々には思いもつかない方向へ広げられ、深められるものです。たまたま割り箸は、イメージされるだけでなく、実体としての割り箸が製造され

てもいますが、ことばの意味にとってこれは必須ではありません。実在しない妖怪や、仮定の話、非現実の話を私たちがことばで自由に語れるのは、だからこその話です。

他言語には翻訳し難い、世界の独特の意味のことばを紹介する中で、エラ・フランシス・サンダース（Ella Frances Sanders）は、日本語の「木漏れ日」や「ぼーっとする」を挙げています（Sanders 2014）。さらに付け加えるなら、日本の研究者が存在を主張してきたけれども欧米の研究者がつい最近まで認めていなかった「うま味」を挙げてもよいかもしれません。いや、一部の特殊なことばの意味だけがそうだというのではありません。図6では、ドイツ語 "Baum" とフランス語 "arbre" の意味範囲が等しいとされていますが、"Baum" はドイツ語社会の人々が編み出したイメージ、"arbre" はフランス語社会の人々が編み出したイメージです。微妙なニュアンスまでが一致しているわけではないでしょう。

意味について述べたことは、運動についても当てはまります。まず、踊りという運動について考えてみましょう。

身体は人類共通ですから、可能な身体運動の範囲も人類共通です。では、それぞれの踊りは、この可能な身体運動というピザを切り分けたものと言えるか？

言えないでしょう。ピザの大きさが事実上無限だからです。個々の身体運動どうしのさまざまな組み合わせ、さらに組み合わせのさまざまなタイミングを考えると、結局のところ、可能な身体運動の範囲は事実上無限です。

無限個の選択肢など、そもそも人間は意識していません。

切り分ける母体のピザを見きれないので、ピザを切り分けてもいないということです。

　小説を書くという人間の行為を、文字どうしの組み合わせから1つを選択する、と言ってみても、全くリアルでないのと同じです。たしかに、結果物である小説（文字列）だけを見れば、選択したように見えるかもしれません。が、書き手がやっているのは創造であって、選択ではありません。書き手は、文字どうしの事実上無限個の組み合わせを選択候補として意識などしていないからです。

　阿波踊りが、デンマーク・ドイツ・フランスのどの踊りに含まれるかと考えても答は出ません。阿波踊りは、世界共通の身体運動のピザから切り分けられたものではなく、徳島の人たちが編み出したものです。ムーンウォークという踊りは、ついこのあいだまで、ありませんでした。それはアメリカの人たちが比較的最近になって編み出したものです。それがピザのどこかに昔から潜んでおり、ただ最近になって人々に気づかれて切り出されたのだと言ってみても、虚しいだけでしょう。身体が人類共通だからといって、これらの踊りを、最初からあったもの、「切り分けられたもの」だとしてみても、そこにリアリティはないでしょう。

　発音も踊りと同じです。口や舌、喉頭などの発声器官は人類共通でも、それぞれの発音法が「切り分けられたもの」になるわけではありません。

　第8章で紹介したように、言語の基本は音声言語なのだと、言語学者はことあるごとに述べてきました。が、そうした言語学者のかけ声とは裏腹に、日常の音声言語（話し方）

に目を向けようとする研究は、ごく一部に限られています。しかし、「他文化の人たちには思いもよらない態度・ニュアンスと発音が、人々の土着の感覚の中でどのように編み出され、結びついているのか？」という問題は、人々の言語生活を考える上で根本的な問題のはずです。この問題を解明していくには、日常のさまざまな発話に目を凝らし、音響的・生理的な面やコミュニケーションの面に目配りしながら、パターンを抽出し、意味を捉える必要があります。

　これが文法研究でなくて何でしょう。

━文献（アルファベット順）━━━━━━━━━━━━

Hjelmslev, Louis. 1943 *Omkring Sprogteoriens Grundlæggelse*. Copenhague: Akademisk Forlag. ［ルイ・イェルムスレウ（著）、竹内孝次（訳）『言語理論の確立をめぐって』東京：岩波書店、1985］

Sadanobu, Toshiyuki. 2004. "A natural history of Japanese pressed voice." *Journal of the Phonetic Society of Japan*, vol.8, no.1, pp.29-44.
　[https://www.jstage.jst.go.jp/article/onseikenkyu/8/1/8_KJ00007631372/_article/-char/ja]

定延利之　2005　『ささやく恋人、りきむレポーター──口の中の文化』東京：岩波書店

定延利之　2013　「日本語のアクセントとイントネーションの競合的関係」『日本語音声コミュニケーション』第1号、pp.1-37.
　[http://www.hituzi.co.jp/epublish/academic_journal/nhng_onsei/nihongoonsei001_nhg_01sadanobu.pdf]

定延利之　2019　「現代日本語の「ドリフト」イントネーションについて」『日本語音声コミュニケーション』第7号、pp.1-51.

定延利之・林良子　2016　「コミュニケーションからみた「剰余」の声──日本語の慣用句「口をとがらせる」「口をゆがめる」とその周辺」『音声研究』第20巻第2号、pp.79-90.
　[https://www.jstage.jst.go.jp/article/onseikenkyu/20/

2/20_79/_article/-char/ja]

Sadanobu, Toshiyuki, Chunyue Zhu, Donna Erickson, and Kerrie Obert. 2016. "Japanese "street seller' s voice."" The 5th Joint Meeting of ASA and ASJ. [https://asa.scitation.org/doi/10.1121/2.0000404]

Sanders, Ella Frances. 2014. *Lost in Translation: An Illustrated Compendium of Untranslatable Words from Around the World*, New York: Ten Speed Press. [エラ・フランシス・サンダース（著）、前田まゆみ（訳）『翻訳できない世界のことば』東京：創元社、2016]

Saussure, Ferdinand de. 1949. *Cours de Linguistique Generale*. Edited by Charles Bally and Albert Sechehaye, Paris: Payot. [フェルディナン・ド・ソシュール（著）、小林英夫（訳）『一般言語学講義』東京：岩波書店、1972 改版]

Setter, Jane. 2019. *Your Voice Speaks Volumes: It's Not What You Say, But How You Say it*. Oxford: Oxford University Press.

朱春躍・定延利之 2016 「調音動態から見た「剰余」の声——日本語の慣用句「口をとがらせる」「口をゆがめる」とその周辺」『音声研究』第 20 巻第 2 号、pp.91-101. [https://www.jstage.jst.go.jp/article/onseikenkyu/20/2/20_91/_article/-char/ja]

━ 読書案内 ━━━━━━━━━━━━━━━━━━━

定延利之 2005 『ささやく恋人、りきむレポーター：口の中の文化』東京：岩波書店
　日常の何気ない発話の不思議さを具体的に知ることができます。

Gräw, Gudrun. 2018.「日本文化における「声」」『立命館言語文化研究』第 29 巻第 3 号、pp.155-173.
　日本語母語話者たちの発話の様子が、他言語話者にとって謎であることがよくわかります。

あ と が き

　自分の文法研究のさまざまな部分を、一般の読者向けにまとめるという機会を、私は 18 年前にも 1 度いただいています（『日本語不思議図鑑』大修館書店，2006）。その時にも感じたことですが、私が取り扱う現象の多くは、他の研究者がなかなか手をつけません。「周辺的」な現象ばかりに手を出す私の感覚がおかしいのか、それとも研究シーンの「中心」がおかしいのかわかりませんが、その点からすれば、この本のタイトルは『変わった文法』でもよかったかもしれません。

　この本を書き終えたいま、18 年前の前著と見比べると、往時の問題意識を深めるとともに、新たな諸現象に取り込んだ 18 年、と自分でもつい思ってしまいそうですが、実際にはそのような直線的な進展はなく、試行錯誤、紆余曲折の毎日でした。そのような日々を支えてくださった研究仲間やプロジェクトメンバーの皆さん、職場の皆さん、そして家族に感謝したいと思います。教養検定会議のさんどゆみこ氏、シリーズエディタの岸本秀樹氏、編集担当の野口大斗氏にもお世話になりました。この場を借りてお礼申し上げます。

　この本は、日本学術振興会の科学研究費補助金による基盤研究（S）「非流暢な発話パターンに関する学際的・実証的

研究」（課題番号：20H05630、研究代表者：定延利之）、
国立国語研究所の共同研究プロジェクト「対照言語学の観点
から見た日本語の音声と文法」「日本語学習者のコミュニ
ケーションの多角的解明」の成果の一部を含んでいます。

2024年　春

定延利之

著者紹介

定延 利之（さだのぶ・としゆき） SADANOBU, Toshiyuki

1962 年大阪生まれ。京都大学大学院文学研究科博士課程修了、博士（文学）。神戸大学名誉教授。2017 年より京都大学大学院文学研究科教授。専門は言語学・コミュニケーション論。主著は『認知言語論』（大修館書店、2001）、『煩悩の文法』（筑摩書房、2008、[増補版] 凡人社、2016）、『コミュニケーションへの言語的接近』（ひつじ書房、2016）、『文節の文法』（大修館書店、2019）、『コミュニケーションと言語におけるキャラ』（三省堂、2020）など。

やわらかい文法

2024 年 2 月 28 日　第 1 刷発行

著　者―――定延利之

発行者―――（株）教養検定会議　さんどゆみこ
　　　　　　東京都世田谷区松原 5-42-3
　　　　　　https://la-kentei.com/

編　集―――野口大斗

印刷・製本―――シナノ書籍印刷株式会社　　装丁―――植木祥子